고등학생을 위한

표준 한국어 익힘책

국립국어원 기획 • 심혜령 외 집필

마리북스

발간사

국립국어원에서는 교육부 2012년 '한국어 교육과정' 고시에 따라 교육과정을 반영한 학교급별 교재 개발을 진행하였습니다. 이어서 2017년 9월에 '한국어 교육과정'이 개정·고시(교육부 고시 제2017-131호)됨에 따라 2017년에 한국어(KSL) 교재 개발 기초 연구를 수행하였습니다. 그 연구 결과를 바탕으로 초등학교 교재 11권, 중고등학교 교재 6권을 개발하여 2019년 2월에 출판하였습니다.

교재에 이어서 학교 현장에서 다문화가정 학생들의 한국어 의사소통 및 학습 능력을 기르는 데 보탬이 되고자 익힘책을 개발하게 되었습니다. 교재와의 연계성을 높인 내용으로 구성하여 말 그대로 익힘책을 통해 한국어를 더 잘 익힐 수 있도록 노력하였습니다. 더불어 익힘책의 내용을 추가 반영한 지도서를 함께 출판하여 현장에서 애쓰시는 일선 학교 담당자들과 선생님들에게도 교재 사용의 길라잡이를 제공하고자 하였습니다.

'다문화'라는 말이 더 이상 낯설지 않은 한국 사회에서 다문화가정 학생들이 한국 사회 구성원으로서의 정체성 함양에 밑거름이 되는 한국어 능력을 기르는 데 《중고등학생을 위한 표준 한국어》가 도움이 되기를 바랍니다. 국립국어원에서는 이제껏 그래왔듯이 교재 개발 결과가 현장에서 보다 잘 활용될 수 있도록 돕기 위하여 교재 개발은 물론, 교원 연수 등을 통해 지속적으로 다문화가정 학생들의 한국어 능력 향상을 위해 노력하겠습니다.

끝으로 3년간 《중고등학생을 위한 표준 한국어》 교재와 익힘책, 지도서의 개발과 발간을 위해 애써 주신 교재 개발진과 출판사에 깊은 감사의 말씀을 드립니다.

2020년 1월

국립국어원장 소강춘

머리말

이제 한국은 경제, 사회, 문화 등 다양한 측면에서 국제화 시대를 선도하는 성공적인 글로벌 국가로 성장하였습니다. 이러한 대외적 글로벌화의 성공과 더불어 내부적으로도 본격적인 다문화 사회로의 전환 시대를 맞이하였습니다. 국제결혼, 근로 이민, 장단기 유학, 나아가 전향적 방향에서의 재외 동포 교류, 새터민 유입 등의 여러 가지 요인에 의해 지금까지의 민족 공동체, 문화 공동체, 국가 공동체의 개념을 뛰어넘는 한반도 내 삶의 공동체 시대를 살아가게 된 것입니다.

다양한 다문화 구성원들과 어떻게 조화롭고 공정하게 삶의 공동체를 꾸려 갈 것인가? 이것이 중요한 우리의 과제가 되고 있는 이때, 특히 다문화 배경을 가진 학령기 청소년, 이른바 KSL 학습자들은 우리 사회의 건강한 미래를 책임지게 될 것이라는 점에서 그들에 대한 모두의 관심과 배려가 더욱 필요합니다.

다행히 우리 사회는 이 부분에 있어 사회적 공감과 정책적 구체화에 일찌감치 눈을 떠 2017년 KSL 학습자의 언어, 문화, 학습의 특수성을 고려한 개정 '한국어 교육과정'을 마련하였고 그 교육과정의 구체적 구현을 위해 노력해 오고 있습니다. 특히 2018년에는 교육 현장의 다양성을 고려한 모듈형 교재가 새롭게 개발되었습니다. 이 교재는 학습자와 교육 현장의 개별성에 맞게 활용할 수 있는 확장성과 활용성을 높인 '개별 교육 현장 적합형 모듈 교재'로서 현재 다양한 교육 현장에서 학생 맞춤형의 교육에 활용되고 있습니다.

그리고 이제 이러한 현장 적합형 모듈 교재를 그 취지와 현장의 개별성에 맞추어 효율적으로 사용하는 데에 도움을 주기 위한 목적으로 KSL 한국어 학습과 연습을 위한 《중고등학생을 위한 표준 한국어 익힘책》이 개발되어 교육 현장에서 활용 가능하게 되었습니다.

이 익힘책은, 교재가 의사소통을 위한 교재와 학습을 위한 교재로 나뉘어 있는 만큼 각각 〈의사소통 한국어 익힘책〉과 〈학습 도구 한국어 익힘책〉의 두 가지 유형으로 개발하였습니다. 특히 〈의사소통 한국어 익힘책〉은 단계별로 학습한 내용을 충실히 연습하게 하는 것은 물론이고, 현장마다의 특수성에 따라 모듈화하여 활용하게 한 모듈 교재의 적절한 활용을 위해 특정 단계 학습 전 자가 진단이 가능하도록 자가 진단의 익힘 문제들을 따로 구성하였습니다. 이를 통해 교육과 학습의 적절성 및 편의성을 도모하고자 하였습니다. 뿐만 아니라 단원별로 학습하고 연습한 내용을 권당 한 회씩 등급별로 종합하여 재복습할 수 있게 함으로써 의사소통 능력 향상의 실제화를 꾀하였습니다.

〈학습 도구 한국어 익힘책〉은 학령별 특성을 감안하여 중학생용과 고등학생용으로 나누어 개발하였습니다. 그래서 다문화 배경을 가진 중학생과 고등학생이 학업을 수행하기 위해 요구되는 기본적인 학습 기능을 복습하고, 학습한 교재의 내용을 충분히 연습할 수 있도록 하였습니다. 뿐만 아니라, 학교생활에 필요한 학습 기능을 다양한 학습 활동에서 응용하여 익힐 수 있도록 연계성을 높여 구성하였습니다.

이렇듯 익힘책은 《표준 한국어》 교재가 가진 효율성을 극대화하고 더 나아가 교재가 가진 현실적 한계를 극복하여 보충, 심화 교육 자료로서의 역할도 담당하게 될 것입니다. 이 익힘책이 교육 현장에서 적극적으로 활용될 수 있기를 기대합니다.

다문화 배경의 학령기 청소년이 자신의 언어적, 학습적 특성에 맞게 〈의사소통 한국어〉와 〈학습 도구 한국어〉를 효율적으로 학습하는 데에 도움을 주고자 진행된 이번 익힘책 개발은 여러 기관과 많은 관계자들의 지원과 노력이 없이는 불가능했습니다. 우선 이 새로운 방식의 익힘책이 완성되기까지 지지와 지원을 아끼지 않으신 교육부와 국립국어원 관계자 여러분께 깊이 감사드립니다. 또한 새 시대에 맞는 새 교재가 보다 효율적으로 사용될 수 있도록 새로운 익힘책을 만들어 보자는 의지와 열정으로 익힘책 집필에 노력을 다 바쳐 온 집필진 모두에게 진심에서 우러나오는 감사를 드립니다. 더불어 시대의 흐름과 청소년 학습자 선호도에 맞춘 편집과 삽화 등으로 교재에 이어 익힘책의 새로운 방향을 마련해 주신 마리북스 출판사에도 감사의 말씀을 드립니다.

이 교재 집필진 및 관계자와 이 사회 구성원 모두의 지지와 염원이 담긴 본 익힘책이 KSL 학습자의 특수성에 부합되고 필요성을 충족시키면서 보충과 심화의 교육 기능까지도 담당하여, 생활과 학업에서 성취를 이루는 데에 기여할 수 있기를 희망합니다.

2020년 1월

저자 대표　심혜령

일러두기

《고등학생을 위한 표준 한국어 익힘책》(학습 도구)는 다문화 배경을 가진 고등학생들이 학업을 수행하기 위해 요구되는 가장 기본적인 학습 기능을 학습한 후 교재의 내용을 충분히 연습할 수 있도록 연계성을 높여 구성하였다. 원활한 고등학교 학업 수행을 위한 디딤돌 역할을 해 줄 교과 관련 주제와 텍스트 활동으로 구성된 총 16개의 단원으로 이루어져 있다.

〈구성〉

- 익힘책의 각 단원은 '어휘와 문법', '학습 활동', '학습 기능'으로 구성되어 있다.
- '어휘와 문법'은 '학습 도구 어휘 및 문법 확인하기', '학습 활동'은 '학습 활동 확인하기', '알쓸어휘', '학습 활동 더 알아보기'로 구성되어 있다.
- 〈학습 도구 익힘책〉은 〈의사소통 3, 4〉의 '꼭 배워요'와 연계되는 동시에 '더 배워요'와 대응되는 영역이다. 〈의사소통 3, 4〉의 16개 단원과 〈학습 도구〉의 16개의 단원은 각각 연계되어 있어 교육 현장의 상황에 따라 〈의사소통〉의 '더 배워요'와 〈학습 도구〉 중에 하나를 선택할 수 있다.

〈교재 활용 정보〉

- 학습자 스스로 학습해야 할 내용에 대한 이해를 돕는 다양한 보충 문제를 연습할 수 있다.
- 교사는 교육 현장의 특성(학습자의 요구, 교육 시간, 학급 운영 상황 등)에 맞게 자료를 선택적으로 사용할 수 있다.

〈단원 구성〉

각 단원은 '도입, 어휘와 문법, 학습 활동, 학습 기능' 4개로 구성하였다.

〈단원별 구성 내용〉

1. 도입: 단원명 → 학습 목표 → 삽화 → 단원 학습 내용
2. 어휘와 문법: 학습 도구 어휘 및 문법 확인하기
3. 학습 활동: 학습 활동 확인하기 → 알쓸어휘 → 학습 활동 더 알아보기
4. 학습 기능: 학습 기능 확인하기 → 학습 기능 익히기 → 학습 기능 더 익히기

〈도입〉

■ 도입에 단원명, 학습 목표, 단원 학습 내용을 명확하게 제시하였다.

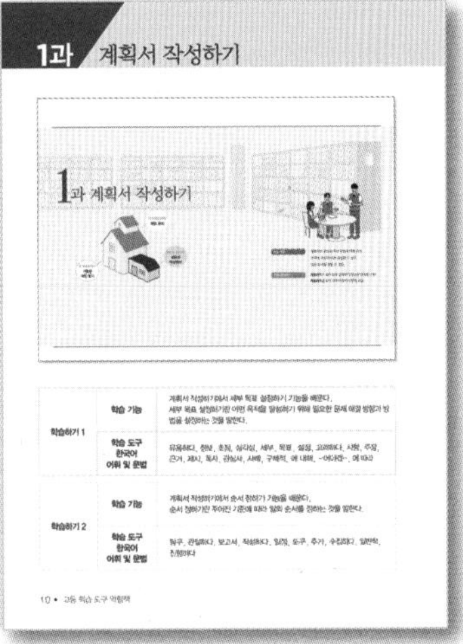

1과 계획서 작성하기

1과 계획서 작성하기

학습하기 1	학습 기능	계획서 작성하기에서 세부 목표 설정하기 기능을 배운다. 세부 목표 설정하기란 어떤 목적을 달성하기 위해 필요한 문제 해결 방향과 방법을 설정하는 것을 말한다.
	학습 도구 한국어 어휘 및 문법	유용하다, 정보, 초점, [illegible], 세부, 목표, 설정, 고려하다, 시행, 주제, 근거, 제시, 독서, 관심사, 사례, 구체적, 에 대해, [illegible], 에 따라
학습하기 2	학습 기능	계획서 작성하기에서 순서 정하기 기능을 배운다. 순서 정하기란 주어진 기준에 따라 일의 순서를 정하는 것을 말한다.
	학습 도구 한국어 어휘 및 문법	탐구, 관찰하다, 보고서, 작성하다, 일정, 도구, 후기, 수집하다, 일반적, 진행하다

10 • 고등 학습 도구 익힘책

〈어휘와 문법〉

학습 도구 어휘 및 문법 확인하기

■ 교재에서 학습한 학습 도구 어휘 및 문법의 의미를 명확히 이해했는지, 잘 사용할 수 있는지를 확인할 수 있는 연습 문제를 구성하였다.

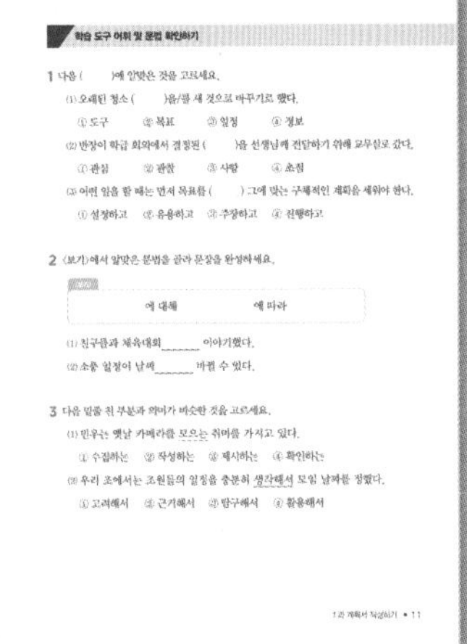

학습 도구 어휘 및 문법 확인하기

1 다음 ( )에 알맞은 것을 고르세요.

(1) 오래된 청소 ( )을/를 새 것으로 바꾸기로 했다.

① 도구 ② 목표 ③ 일정 ④ 정보

(2) 반장이 학급 회의에서 결정된 ( )을 선생님께 전달하기 위해 교무실로 갔다.

① 관심 ② 관찰 ③ 사항 ④ 초점

(3) 어떤 일을 할 때는 먼저 목표를 ( ) 그에 맞는 구체적인 계획을 세워야 한다.

① 설정하고 ② 유용하고 ③ 주장하고 ④ 진행하고

2 〈보기〉에서 알맞은 문법을 골라 문장을 완성하세요.

보기: 에 대해 에 따라

(1) 친구들과 체육대회______ 이야기했다.

(2) 소풍 일정이 날씨______ 바뀔 수 있다.

3 다음 밑줄 친 부분과 의미가 비슷한 것을 고르세요.

(1) 민우는 옛날 카메라를 모으는 취미를 가지고 있다.

① 수집하는 ② 작성하는 ③ 제시하는 ④ 확인하는

(2) 우리 조에서는 조원들의 일정을 충분히 생각해서 모임 날짜를 정했다.

① 고려해서 ② 근거해서 ③ 탐구해서 ④ 활용해서

1과 계획서 작성하기 • 11

〈학습 활동〉

① 학습 활동 확인하기

■ 알맞은 어휘 넣기, 관계있는 것끼리 연결하기, 내용 이해 확인 문제 등 1~2개의 문항으로 구성하였다.

② 알쓸어휘

■ '알면 쓸모 있는 어휘'로 학습 활동 설명에서 제시된 어휘 중에서 교재에서 제시되지 않았지만 그 등급에서 알아야 할 어휘를 제시하였다.

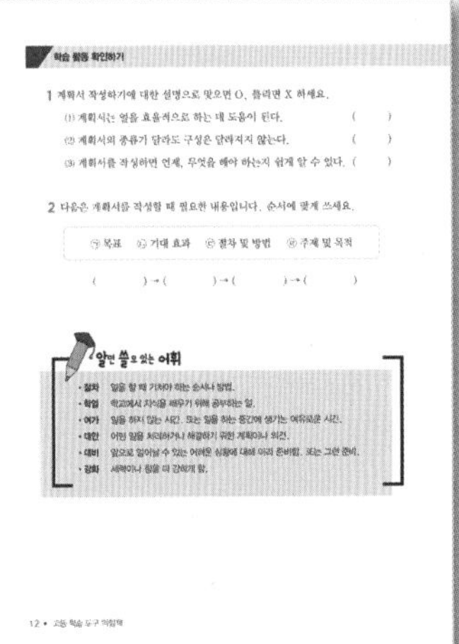

학습 활동 확인하기

1 계획서 작성하기에 대한 설명으로 맞으면 O, 틀리면 X 하세요.

(1) 계획서는 일을 효율적으로 하는 데 도움이 된다. ( )

(2) 계획서의 종류가 달라도 구성은 달라지지 않는다. ( )

(3) 계획서를 작성하면 언제, 무엇을 해야 하는지 쉽게 알 수 있다. ( )

2 다음은 계획서를 작성할 때 필요한 내용입니다. 순서에 맞게 쓰세요.

㉠ 목표 ㉡ 기대 효과 ㉢ 절차 및 방법 ㉣ 주제 및 목적

( ) → ( ) → ( ) → ( )

알면 쓸모 있는 어휘

- 절차 일을 할 때 거쳐야 하는 순서나 방법.
- 학업 학교에서 지식을 배우기 위해 공부하는 일.
- 여가 일을 하지 않는 시간. 또는 일을 하는 중간에 생기는 여유로운 시간.
- 대안 어떤 일을 처리하거나 해결하기 위한 계획이나 의견.
- 대비 앞으로 일어날 수 있는 어려운 상황에 대해 미리 준비함. 또는 그런 준비.
- 강화 세력이나 힘을 더 강하게 함.

12 • 고등 학습 도구 익힘책

일러두기

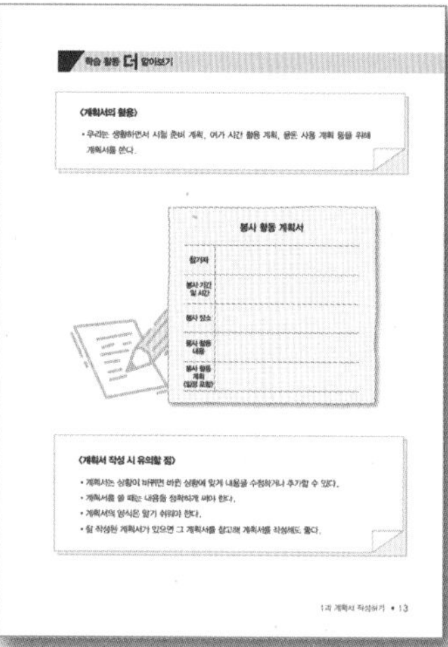
학습 활동 더 알아보기

〈계획서의 활용〉

• 우리는 생활하면서 시험 준비 계획, 여가 시간 활용 계획, 용돈 사용 계획 등을 위해 계획서를 쓴다.

봉사 활동 계획서

참가자	
봉사 기간 및 시간	
봉사 장소	
봉사 활동 내용	
봉사 활동 계획 (일정 포함)	

〈계획서 작성 시 유의할 점〉

• 계획서는 상황이 바뀌면 바뀐 상황에 맞게 내용을 수정하거나 추가할 수 있다.
• 계획서를 쓸 때는 내용을 정확하게 써야 한다.
• 계획서의 형식은 알기 쉬워야 한다.
• 잘 작성한 계획서가 있으면 그 계획서를 참고해 계획서를 작성해도 좋다.

1과 계획서 작성하기 • 13

③ 학습 활동 더 알아보기

■ 해당 학습 활동과 관련하여 교재에서 제시되지는 않았으나 학습자들이 알고 있으면 학습 활동 이해에 도움이 되는 유용한 정보들을 추가로 제시하였다.

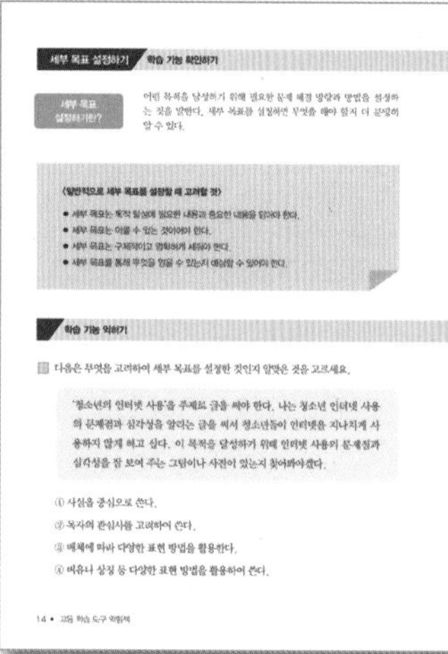
세부 목표 설정하기 / 학습 기능 확인하기

세부 목표 설정하기란?

어떤 목적을 달성하기 위해 필요한 문제 해결 방안과 방법을 설정하는 것을 말한다. 세부 목표를 설정하면 무엇을 해야 할지 더 분명히 알 수 있다.

〈일반적으로 세부 목표를 설정할 때 고려할 것〉

• 세부 목표는 목적 달성에 필요한 내용과 중요한 내용을 담아야 한다.
• 세부 목표는 이룰 수 있는 것이어야 한다.
• 세부 목표는 구체적이고 명확하게 세워야 한다.
• 세부 목표를 통해 무엇을 얻을 수 있는지 예상할 수 있어야 한다.

학습 기능 익히기

다음은 무엇을 고려하여 세부 목표를 설정한 것인지 알맞은 것을 고르세요.

'청소년의 인터넷 사용'을 주제로 글을 써야 한다. 나는 청소년 인터넷 사용의 문제점과 심각성을 알리는 글을 써서 청소년들이 인터넷을 지나치게 사용하지 않게 하고 싶다. 이 목적을 달성하기 위해 인터넷 사용의 문제점과 심각성을 잘 보여 주는 그림이나 사진이 있는지 찾아봐야겠다.

① 사실을 중심으로 쓴다.
② 독자의 관심사를 고려하여 쓴다.
③ 매체에 따라 다양한 표현 방법을 활용한다.
④ 비유나 상징 등 다양한 표현 방법을 활용하여 쓴다.

14 • 고등 학습 도구 익힘책

〈학습 기능〉

① 학습 기능 확인하기

■ 교재에서 학습한 학습 기능 1과 2를 익힐 수 있는 문제를 순서대로 구성하였다.

■ 교재에 제시한 학습 기능에 대한 내용을 요약 정리한 내용과 추가로 제공할 정보를 제시하였다.

② 학습 기능 익히기

■ 교재 학습 시 익힌 학습 기능을 연습하고 확인하는 활동을 제시하였다.

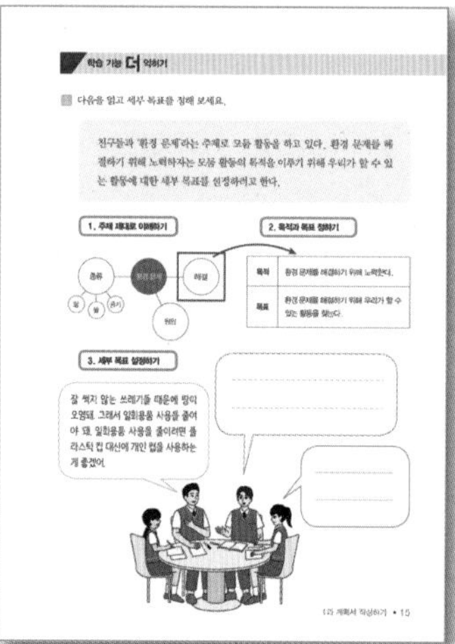
학습 기능 더 익히기

다음을 읽고 세부 목표를 정해 보세요.

친구들과 '환경 문제'라는 주제로 모둠 활동을 하고 있다. 환경 문제를 해결하기 위해 노력하자는 모둠 활동의 목적을 이루기 위해 우리가 할 수 있는 활동에 대한 세부 목표를 설정하려고 한다.

1. 주제 제대로 이해하기

2. 목적과 목표 정하기

목적	환경 문제를 해결하기 위해 노력한다.
목표	환경 문제를 해결하기 위해 우리가 할 수 있는 활동을 찾는다.

3. 세부 목표 설정하기

종류
해결
원인
땅
물
공기
잘 썩지 않는 쓰레기들 때문에 땅이 오염돼. 그래서 일회용품 사용을 줄여야 돼. 일회용품 사용을 줄이려면 플라스틱 컵 대신에 개인 컵을 사용하는 게 좋겠어.

1과 계획서 작성하기 • 15

③ 학습 기능 더 익히기

■ 교재 내용에 있는 학습 활동 외에 해당 학습 기능에 적합한 학습 활동을 선택하여 그 학습 활동 시에 해당 학습 기능을 어떻게 활용할 수 있을지 응용하여 연습해 보는 응용 활동을 제시하였다.

차례

1과 계획서 작성하기

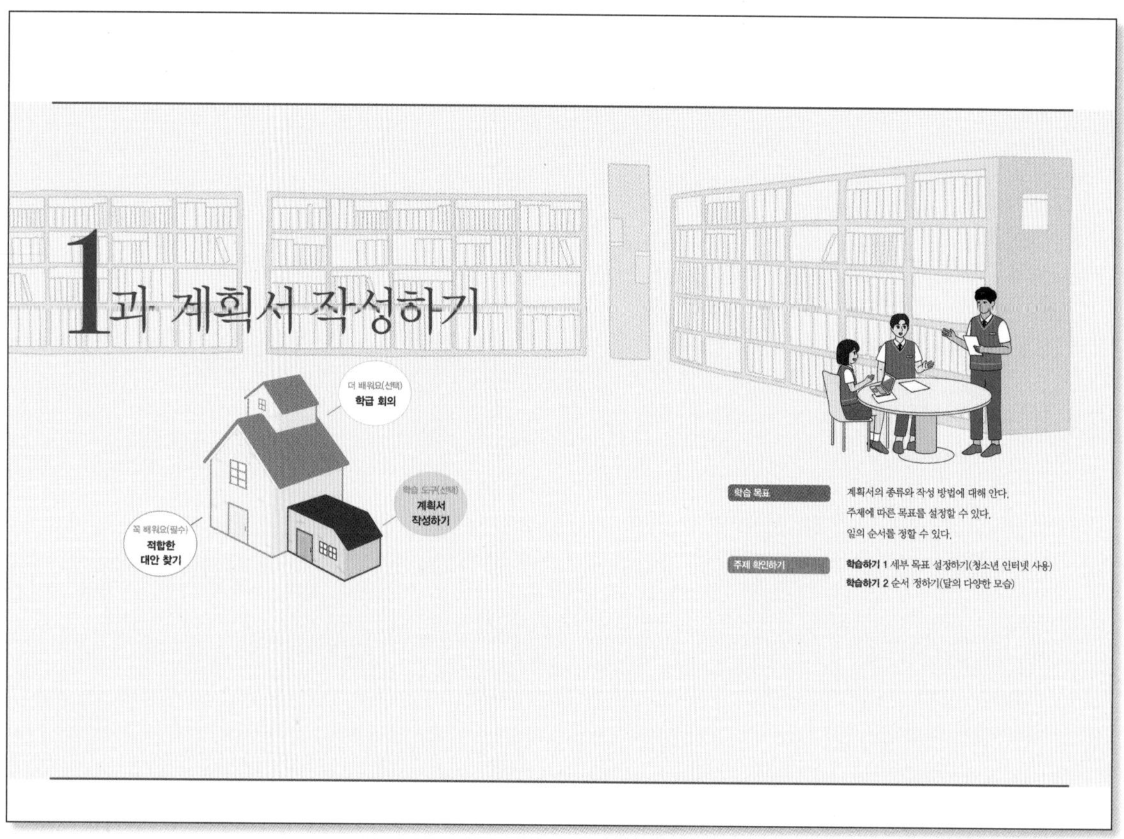

학습하기 1	**학습 기능**	계획서 작성하기에서 세부 목표 설정하기 기능을 배운다. 세부 목표 설정하기란 어떤 목적을 달성하기 위해 필요한 문제 해결 방향과 방법을 설정하는 것을 말한다.
	학습 도구 한국어 어휘 및 문법	유용하다, 정보, 초점, 심각성, 세부, 목표, 설정, 고려하다, 사항, 주장, 근거, 제시, 독자, 관심사, 사례, 구체적, 에 대해, -어야겠-, 에 따라

학습하기 2	**학습 기능**	계획서 작성하기에서 순서 정하기 기능을 배운다. 순서 정하기란 주어진 기준에 따라 일의 순서를 정하는 것을 말한다.
	학습 도구 한국어 어휘 및 문법	탐구, 관찰하다, 보고서, 작성하다, 일정, 도구, 추가, 수집하다, 일반적, 진행하다

학습 도구 어휘 및 문법 확인하기

1. 다음 (   )에 알맞은 것을 고르세요.

(1) 낡은 청소 (   )을/를 새것으로 바꾸기로 했다.

① 도구　② 목표　③ 일정　④ 정보

(2) 반장이 학급 회의에서 결정된 (   )을 선생님께 전달하기 위해 교무실로 갔다.

① 관심　② 관찰　③ 사항　④ 초점

(3) 어떤 일을 할 때는 먼저 목표를 (   ) 그에 맞는 구체적인 계획을 세워야 한다.

① 설정하고　② 유용하고　③ 주장하고　④ 진행하고

2. 〈보기〉에서 알맞은 문법을 골라 문장을 완성하세요.

〈보기〉

에 대해	에 따라

(1) 친구들과 체육 대회__________ 이야기했다.

(2) 소풍 일정이 날씨__________ 바뀔 수 있다.

3. 다음 밑줄 친 부분과 의미가 비슷한 것을 고르세요.

(1) 민우는 옛날 카메라를 <u>모으는</u> 취미를 가지고 있다.

① 수집하는　② 작성하는　③ 제시하는　④ 확인하는

(2) 우리 조에서는 조원들의 일정을 충분히 <u>생각해서</u> 모임 날짜를 정했다.

① 고려해서　② 근거해서　③ 탐구해서　④ 활용해서

학습 활동 확인하기

1. 계획서 작성하기에 대한 설명으로 맞으면 ○, 틀리면 × 하세요.

(1) 계획서는 일을 효율적으로 하는 데 도움이 된다. (　　　)

(2) 계획서의 종류가 달라도 구성은 달라지지 않는다. (　　　)

(3) 계획서를 작성하면 언제, 무엇을 해야 하는지 쉽게 알 수 있다. (　　　)

2. 다음은 계획서를 작성할 때 필요한 내용입니다. 순서에 맞게 쓰세요.

㉠ 목표　㉡ 기대 효과　㉢ 절차 및 방법　㉣ 주제 및 목적

(　　　) → (　　　) → (　　　) → (　　　)

- **절차** 일을 할 때 거쳐야 하는 순서나 방법.
- **학업** 학교에서 지식을 배우기 위해 공부하는 일.
- **여가** 일을 하지 않는 시간. 또는 일을 하는 중간에 생기는 여유로운 시간.
- **대안** 어떤 일을 처리하거나 해결하기 위한 계획이나 의견.
- **대비** 앞으로 일어날 수 있는 어려운 상황에 대해 미리 준비함. 또는 그런 준비.
- **강화** 세력이나 힘을 더 강하게 함.

학습 활동 더 알아보기

〈계획서의 활용〉

- 우리는 생활하면서 시험 준비 계획, 여가 시간 활용 계획, 용돈 사용 계획 등을 위해 계획서를 쓴다.

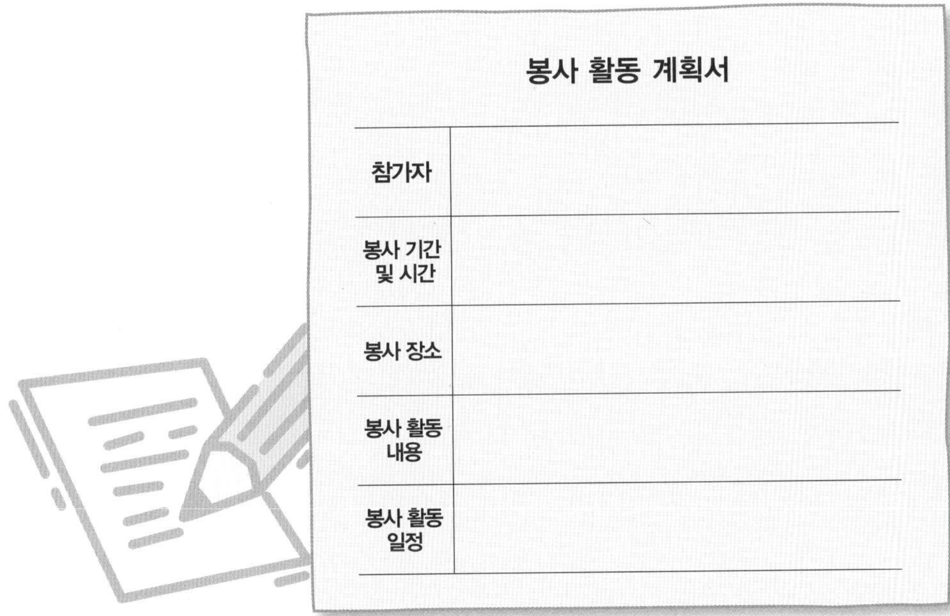

봉사 활동 계획서

참가자	
봉사 기간 및 시간	
봉사 장소	
봉사 활동 내용	
봉사 활동 일정	

〈계획서 작성 시 유의할 점〉

- 계획서는 상황이 바뀌면 바뀐 상황에 맞게 내용을 수정하거나 추가할 수 있다.
- 계획서를 쓸 때는 내용을 정확하게 써야 한다.
- 계획서의 양식은 알기 쉬워야 한다.
- 잘 작성된 계획서가 있으면 그 계획서를 참고해 계획서를 작성해도 좋다.

세부 목표 설정하기 / 학습 기능 확인하기

세부 목표 설정하기란?

어떤 목적을 달성하기 위해 필요한 문제 해결 방향과 방법을 설정하는 것을 말한다. 세부 목표를 설정하면 무엇을 해야 할지 더 분명히 알 수 있다.

〈일반적으로 세부 목표를 설정할 때 고려할 것〉

- 세부 목표는 목적 달성에 필요한 내용과 중요한 내용을 담아야 한다.
- 세부 목표는 이룰 수 있는 것이어야 한다.
- 세부 목표는 구체적이고 명확하게 세워야 한다.
- 세부 목표를 통해 무엇을 얻을 수 있는지 예상할 수 있어야 한다.

학습 기능 익히기

다음은 무엇을 고려하여 글의 세부 목표를 설정한 것인지 알맞은 것을 고르세요.

> '청소년의 인터넷 사용'을 주제로 글을 써야 한다. 나는 청소년 인터넷 사용의 문제점과 심각성을 알리는 글을 써서 청소년들이 인터넷을 지나치게 사용하지 않게 하고 싶다. 이 목적을 달성하기 위해 인터넷 사용의 문제점과 심각성을 잘 보여 주는 그림이나 사진이 있는지 찾아봐야겠다.

① 사실을 중심으로 쓴다.

② 독자의 관심사를 고려하여 쓴다.

③ 매체에 따라 다양한 표현 방법을 활용한다.

④ 비유나 상징 등 다양한 표현 방법을 활용하여 쓴다.

학습 기능 더 익히기

▨ 다음을 읽고 세부 목표를 정해 보세요.

친구들과 '환경 문제'라는 주제로 모둠 활동을 하고 있다. 환경 문제를 해결하기 위해 노력하자는 모둠 활동의 목적을 이루기 위해 우리가 할 수 있는 활동에 대한 세부 목표를 설정하려고 한다.

1. 주제 제대로 이해하기

2. 목적과 목표 정하기

목적	환경 문제를 해결하기 위해 노력한다.
목표	환경 문제를 해결하기 위해 우리가 할 수 있는 활동을 찾는다.

3. 세부 목표 설정하기

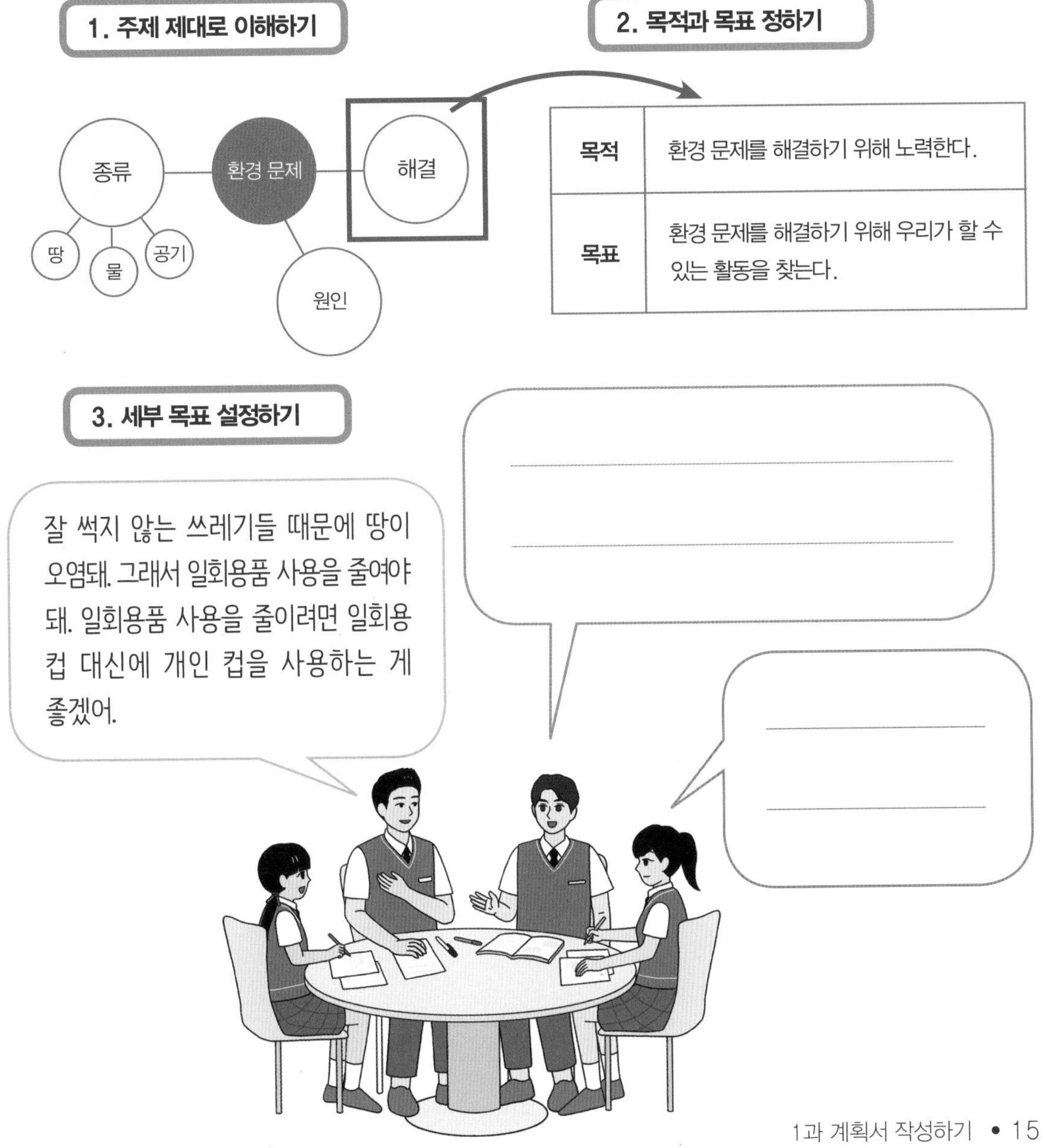

종류
환경 문제
해결
땅
물
공기
원인
잘 썩지 않는 쓰레기들 때문에 땅이 오염돼. 그래서 일회용품 사용을 줄여야 돼. 일회용품 사용을 줄이려면 일회용 컵 대신에 개인 컵을 사용하는 게 좋겠어.

순서 정하기 / 학습 기능 확인하기

순서 정하기란?

주어진 기준에 따라 일의 순서를 정하는 것을 말한다. 어떤 일을 하기 전에 미리 순서를 정하고 일을 하면 일을 효율적으로 할 수 있다.

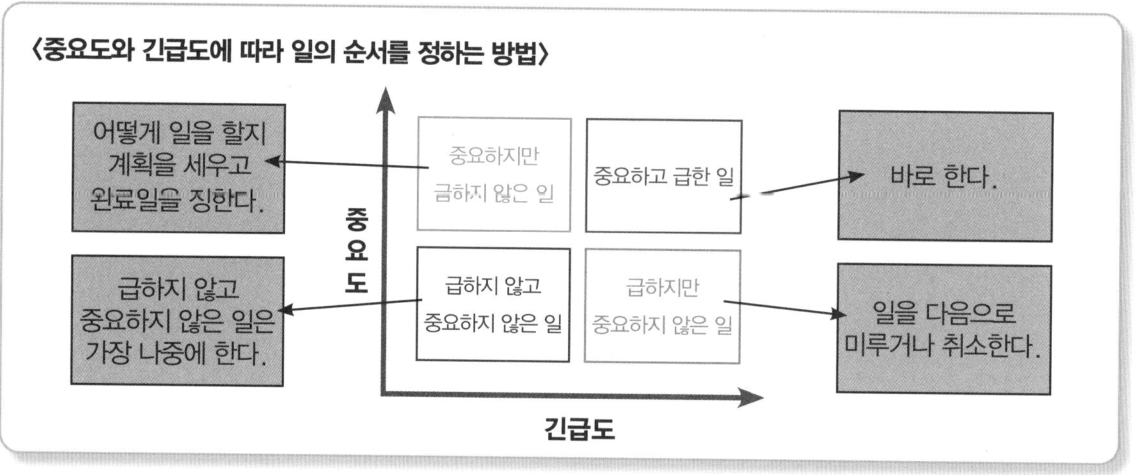

학습 기능 익히기

▨ 다음 그림을 보고 어떤 사항을 고려하여 순서를 정했는지 알맞은 것을 고르세요.

오늘 할 일 (10월 1일)

2 시험공부(중간고사: 10월 14일부터): 이번에는 잘 봐야 돼.ㅠㅠ 이번에는 미리 준비하자. ☐

1 수학 숙제(~10월 3일까지): 이번 수학 숙제가 수행 평가에 들어가니까 꼭 해야 해. ☐

3 드라마 보기: 요즘 인기 있는 드라마라서 나도 보고 싶다. ☐

① 주변 환경 고려하기　② 자신의 상황 고려하기

③ 일의 중요도 고려하기　④ 일반적인 선후 관계 고려하기

학습 기능 더 익히기

▨ 다음을 읽고 순서를 정해 보세요.

'달의 다양한 모습'에 대해 친구들과 함께 공부하는 협동 학습을 하고 있다. 여러 장소를 방문하여 달의 다양한 모습을 보고 싶다. 어디부터 가는 것이 좋을지 순서를 정하려고 한다.

미술관에서 달 사진 전시회가 있어. 미술관에 가면 달의 다양한 모습을 볼 수 있어. **과학 박물관**에 가면 달에 대한 여러 가지 정보를 알 수 있어. **천문대**에서는 달의 모습을 직접 관찰할 수 있어. '미술관, 과학 박물관, 천문대' 중에서 어디를 먼저 가는 것이 효율적일까?

고려 사항

- 달을 보려면 천문대에는 밤에 가야 한다.
- 과학 박물관에서 달에 대한 설명과 정보를 안 다음에 실제 달의 모습을 보는 것이 좋다.
- 미술관보다 과학 박물관이 더 일찍 문을 닫는다.

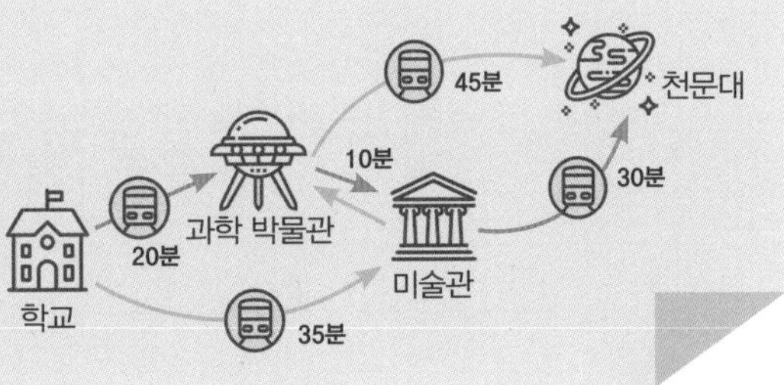

(1) 달의 실제 모습을 보는 것이 가장 중요해. 중요도를 고려하면 ____________부터 가야 해.

(2) 보통 사람들이 정보를 얻은 다음에 관찰을 하잖아. 우리도 그 순서에 따라 ____________에 간 다음에 ____________에 가면 달에 대해 더 잘 알 수 있어.

(3) 그것도 맞지만 상황을 고려해 보면 (   ) → (   ) → (   ) 순서로 가는 게 좋을 것 같아.

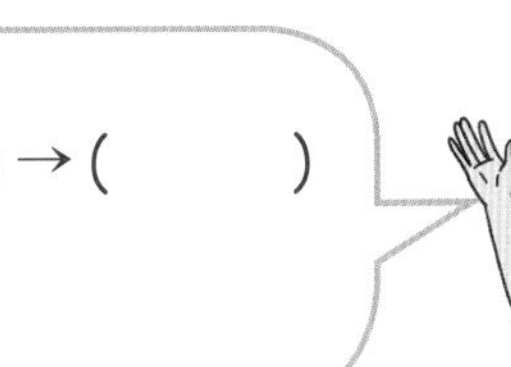

2과 협동 학습 하기

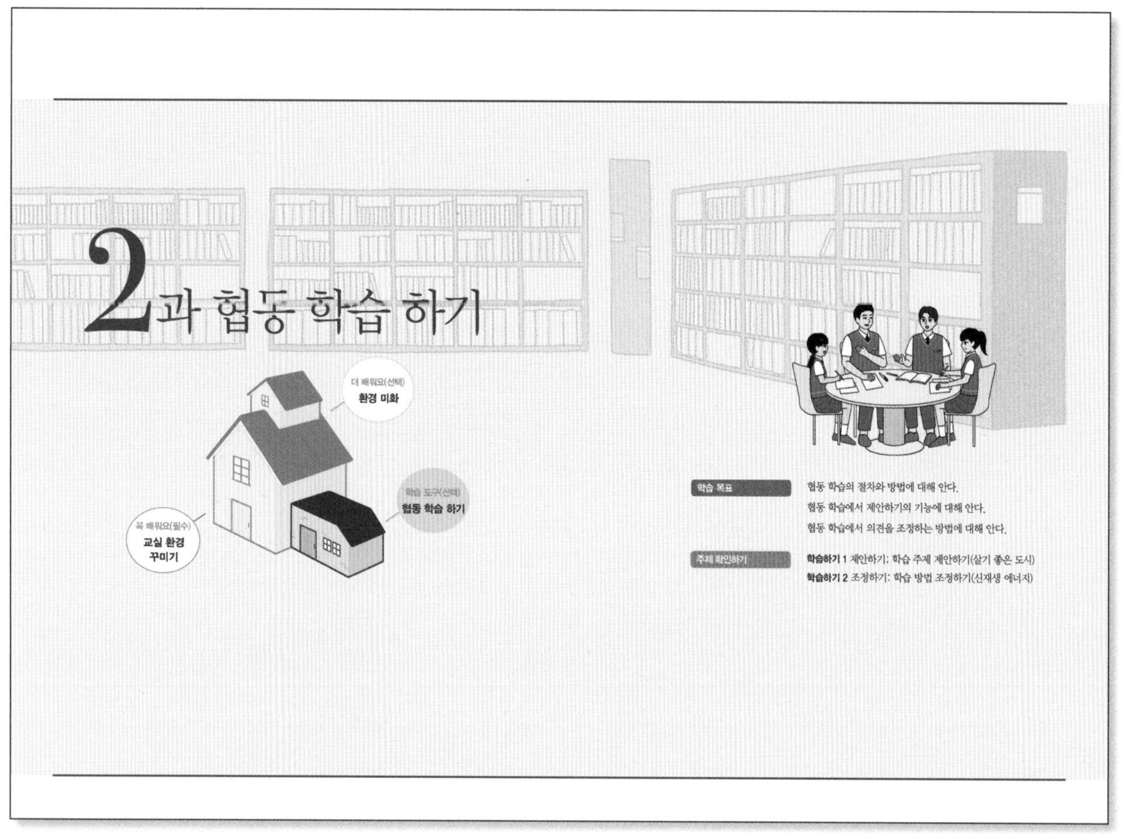

학습하기 1	**학습 기능**	협동 학습 하기에서 제안하기 기능을 배운다. 제안하기란 일을 좀 더 좋은 방향으로 이끌기 위해 의견을 내는 것을 말한다.
	학습 도구 한국어 어휘 및 문법	제안, 표현, 합리적, 발표, 조건, 발전하다, 관련되다, 자료, 객관적, 특성
학습하기 2	**학습 기능**	협동 학습 하기에서 조정하기 기능을 배운다. 조정하기란 여러 사람의 의견이 일치되지 않을 때 서로 의논하고 양보하여 의견을 일치시키거나 의견 차이를 좁히는 것을 말한다.
	학습 도구 한국어 어휘 및 문법	조정하다, 무시하다, 상대방, 인정하다, 존중하다, 전달하다, 에너지, 단점, 실제, 사물, 실현, 가능성, 참여하다, 동의하다, 이론

학습 도구 어휘 및 문법 확인하기

1. 다음 (   )에 알맞은 것을 고르세요.

(1) 컴퓨터가 고장 나서 그동안 모은 (   )가 모두 지워졌다.

① 목표　② 실제　③ 자료　④ 탐구

(2) 수업 시간에 또래 문화에 대해 조사한 내용을 (   ) 한다.

① 관찰해야　② 발표해야　③ 존중해야　④ 진행해야

(3) 재료나 맛으로 봤을 때 이 식당의 음식 가격은 (   )이다.

① 객관적　② 구체적　③ 세계적　④ 합리적

2. 다음 밑줄 친 부분과 의미가 비슷한 것을 고르세요.

(1) 나도 봉사 활동에 <u>참여해서</u> 친구들과 함께 쓰레기를 주울 것이다.

① 조정해서　② 제안해서　③ 참가해서　④ 표현해서

(2) 뮤지컬은 춤, 노래, 연기 등을 한 번에 볼 수 있다는 점에서 종합 예술적인 <u>특성</u>이 있다.

① 사물　② 성격　③ 이론　④ 조건

3. 다음 밑줄 친 부분과 의미가 반대인 것을 고르세요.

(1) 새로 나온 휴대 전화는 기능은 많지만 크기가 커서 무겁다는 <u>단점</u>이 있다.

① 발전　② 설정　③ 실현　④ 장점

(2) 자기가 앉고 싶은 자리에 앉는 것이 좋다는 반장의 의견에 우리 모두 <u>동의한다</u>.

① 무시한다　② 반대한다　③ 인정한다　④ 전달한다

학습 활동 확인하기

1. 협동 학습에 대한 설명으로 맞으면 ○, 틀리면 × 하세요.

(1) 개인이 조사한 자료는 공유하지 않아도 된다. (　　)

(2) 팀원 중 주제에 대해 잘 아는 학생만 참여해야 한다. (　　)

(3) 이해가 잘 안 되는 내용은 친구의 도움을 받을 수 있다. (　　)

2. 다음은 협동 학습의 한 과정에 대한 설명입니다. 어느 과정인지 ✓하세요.

정해진 기간 안에 어디에서 어디까지 학습을 수행할지 정해야 한다. 그리고 각자 무슨 일을 할지 정해야 한다.

□	□	□	□	□
준비하기	학습 주제 선정하기 및 학습 목표 설정하기	학습 범위 정하기 및 역할 나누기	조정하기	제안하기

알면 쓸모 있는 어휘

- **공동** 둘 이상의 사람이나 단체가 어떤 일을 함께하거나 동등한 자격으로 관계됨.
- **수행하다** 일을 생각하거나 계획한 대로 해내다.
- **부여하다** 의미, 임무 등을 맡게 하다.
- **완수하다** 하려고 하는 것이나 해야 하는 것을 다 이루거나 해내다.
- **도달하다** 목적한 곳이나 일정한 수준에 다다르다.
- **정기적** 기한이나 기간이 일정하게 정해져 있는 것.

학습 활동 더 알아보기

〈협동 학습의 장점〉

• 친구들과 함께 공부하면 학습에 흥미가 생긴다.
• 다른 사람에게 정보를 얻는 방법, 질문하고 부탁하는 방법 등을 배울 수 있다.

〈효과적인 협동 학습 방법〉

• 협동 학습을 하는 모든 학생이 참여해야 한다.
• 단계에 따라 무엇을 할지 목표를 분명하게 세운다.
• 각자 자신이 맡은 일이 무엇인지 알아야 하며 언제까지 해야 하는지 정확하게 정해야 한다.
• 같이 공부하는 과정에서 다수의 의견에 따라 결론을 내는 것에만 집중하지 말고 소수의 의견도 잘 들어야 한다.
• 모임을 마치기 전에 오늘 모임이 어땠는지 평가하고, 다음 모임에서 할 일을 정한다.

〈협동 학습 시 주의할 점〉

• 사람마다 잘하는 과목, 자신 있는 영역, 공부하는 방법 등이 다르다. 서로의 다른 점을 존중하며 차이 속에서 장점을 찾고 본받기 위해 노력해야 할 것이다.
• 협동 학습에서 가장 중요한 것은 하나가 되어 공동의 목적을 달성하는 것이다. 특히 친밀감은 일의 능률을 높여 주므로 팀원 간에 친밀감을 키울 수 있도록 노력해야 할 것이다.

제안하기 학습 기능 확인하기

제안하기란?

일을 더 좋은 방향으로 이끌기 위해 의견을 내는 것을 말한다. 제안을 통해 다른 사람의 생각이나 행동을 더 좋은 쪽으로 바꿀 수 있다.

〈제안하는 상황에서 사용할 수 있는 표현〉

- 문제 상황을 나타날 때에는 '요즘 -고 있다, 이/가 심각해지고 있다, 가장 큰 문제점은 ~이다' 등의 표현을 사용한다.
- 제안하는 이유를 쓸 때는 '왜냐하면 -기 때문이다, 만약 -으면/면 -을/ㄹ 수 있다' 등의 표현을 사용한다.

학습 기능 익히기

▨ 다음 중 제안을 할 때에 구체적인 계획과 수행 방법을 같이 제시한 사람은 누구입니까?

경제가 발전해야 일자리가 많아지고 일자리가 많아야 살기 좋지. 그러니까 경제적 조건이 잘 갖춰진 A 도시에 대해 발표하면 어떨까?

요즘 세계적으로 환경에 대한 관심이 높아지고 있어. 그래서 나는 친환경 도시로 유명한 B 도시에 대해 조사하면 좋을 것 같아.

C 도시에는 문화 시설과 문화 행사가 많고, 우리 도시와 가까워서 가 볼 수도 있어. 그리고 다음 주에 C 도시에서 축제가 열려. 직접 가서 조사도 하고 체험도 해 보자.

학습 기능 더 익히기

▨ 다음을 읽고 제안해 보세요.

'학교 내 CCTV 설치'에 대해 자기의 생각을 말하는 토론을 하고 있다. 친구들의 의견을 듣고 나의 의견을 제안하려고 한다.

① 최근 학교 곳곳에 CCTV를 설치하는 학교들이 있습니다. 이에 대해 '학교 안에서 생길 수 있는 문제를 막기 위해 CCTV 설치가 필요하다.'라는 찬성 의견과 '아직 발생하지 않은 문제 때문에 CCTV를 설치할 필요는 없다.'라는 반대 의견이 있습니다. 양쪽의 입장을 다시 한번 들어 볼까요?

② 저는 찬성입니다. 학교 곳곳에 CCTV를 설치하면 사고를 예방할 수 있습니다. 그리고 사고가 났을 때 쉽게 상황을 알 수 있습니다.

③ 저는 반대입니다. CCTV가 있다고 해서 위험한 일들이 일어나지 않는 것은 아닙니다. CCTV를 설치하는 것보다 다른 안전시설을 만드는 것이 더 좋지 않겠습니까?

④ 저는 ______________________________

____

____

조정하기 / 학습 기능 확인하기

조정하기란?

여러 사람의 의견이 일치되지 않을 때 서로 의논하고 양보하여 일치시키거나 의견 차이를 좁히는 것을 말한다. 이를 통해 구성원 모두가 받아들일 수 있는 의견을 찾을 수 있다.

〈조정하기의 방법〉

● **만장일치**

- 반대하는 사람 없이 모두 의견에 동의하는 것이다.
- 모두 동의했기 때문에 결정된 내용으로 실행하기가 쉽지만, 결정하기까지 시간이 오래 걸릴 수 있다.

● **다수결**

- 다수결은 많은 사람들이 선택한 의견에 따라 결정하는 것이다.
- 다수결로 의견을 결정할 때는 사람들의 불만을 줄이기 위해 먼저 충분히 대화해야 한다.

학습 기능 익히기

▨ 다음 중 조정하기를 잘못 이해한 사람을 고르세요.

① 다른 친구들의 의견을 잘 들어야 해.
② 친구들의 의견 중 좋은 의견만 뽑아 하나로 만들어도 돼.
③ 자기의 의견을 합리적인 이유와 함께 강하게 주장하는 것이 좋아.
④ 자신의 의견을 말하기 전에 다른 친구의 의견을 칭찬하는 것도 좋은 방법이야.

학습 기능 더 익히기

▨ 다음을 읽고 친구들의 의견을 조정해 보세요.

《개미와 베짱이》를 읽고 '겨울에 먹을 것이 없는 베짱이를 개미가 도와줘야 하는가'에 대해 친구들과 토론하고 있다. 찬성과 반대 모두가 동의할 수 있는 내용으로 조정하려고 한다.

반대

찬성

① 저는 베짱이를 도와주는 것에 반대합니다. 베짱이는 개미가 열심히 일할 때 옆에서 놀기만 했습니다.

② 저는 베짱이를 도와줘야 한다고 생각합니다. 세상은 혼자 살 수 없습니다. 서로 도와야 합니다. 개미도 베짱이의 노래를 들으며 즐겁게 일했을 때가 있을 겁니다.

③ 베짱이가 일을 하지 않고 쉽게 음식을 얻으면 안 됩니다. 지금 베짱이를 그냥 도와주면 베짱이는 내년에도 일을 안 할 겁니다.

④ 지금 우리가 베짱이를 돕지 않으면 베짱이가 잘못될 수도 있습니다. 베짱이를 잘못되게 둘 수 없습니다.

그럼 ______________________________

____

3과 보고서 쓰기

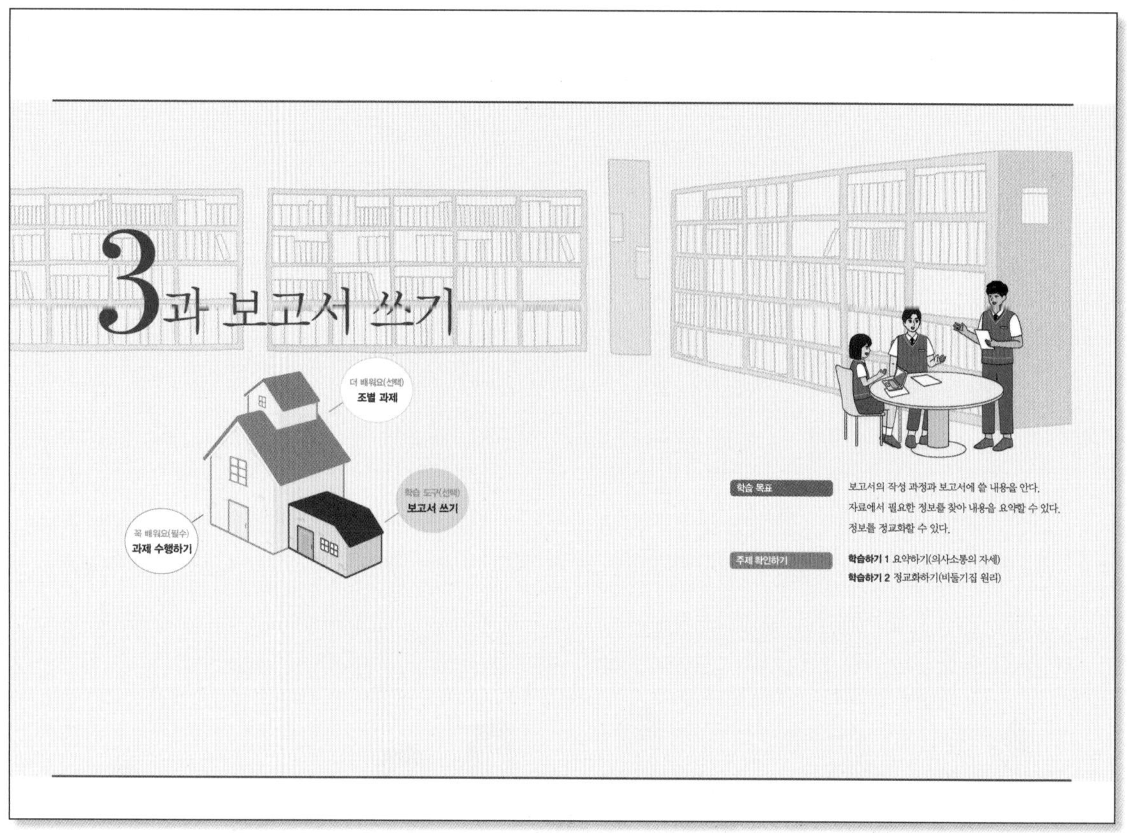

<table>
<tr><td rowspan="2">학습하기 1</td><td>학습 기능</td><td>보고서 쓰기에서 요약하기 기능을 배운다.
요약하기란 말이나 글에서 중요한 것을 골라서 짧고 간단하게 정리하는 것을 말한다.</td></tr>
<tr><td>학습 도구
한국어
어휘 및 문법</td><td>요약하다, 예, 삭제하다, 재구성하다, 존재, 평가하다, 유형, 판단하다, 효과적, 반응하다, 주의하다, 추측하다, 의사소통, 의사, 출처, 에 비해</td></tr>
</table>

<table>
<tr><td rowspan="2">학습하기 2</td><td>학습 기능</td><td>보고서 쓰기에서 정교화하기 기능을 배운다.
정교화하기란 세부 사항, 자세한 설명, 실제 예, 관련 내용 등을 더해 내용의 완성도를 높이는 것을 말한다.</td></tr>
<tr><td>학습 도구
한국어
어휘 및 문법</td><td>원리, 대표적, 추론하다, 확률, 예시, 완성도</td></tr>
</table>

학습 도구 어휘 및 문법 확인하기

1. 다음 (   )에 알맞은 것을 고르세요.

(1) 소연이가 제출한 그림이 대회에서 좋은 (   )을/를 받았다.

① 동의　　② 추측　　③ 평가　　④ 확률

(2) 소설은 분량에 따라서 단편, 중편, 장편의 세 가지 (   )으로 나뉜다.

① 반응　　② 요약　　③ 유형　　④ 판단

(3) 보고서를 쓸 때는 사용한 자료를 어디에서 가져왔는지 (   )를 꼭 써야 한다.

① 의사　　② 존재　　③ 주의　　④ 출처

2. '에 비해'를 사용하여 〈보기〉와 같이 문장을 쓰세요.

〈보기〉

이 컴퓨터, 기능, 값, 싸다 → 이 컴퓨터는 기능에 비해 값이 싸다.

(1) 시골, 도시, 공기, 맑다

→ ____.

(2) 이번 겨울, 작년, 기온, 낮다

→ ____.

3. 다음 밑줄 친 부분과 의미가 비슷한 것을 고르세요.

(1) 계획을 세우고 일을 하면 시간을 효율적으로 활용할 수 있다.

① 객관적　　② 구체적　　③ 대표적　　④ 효과적

(2) 우리 선생님은 어려운 내용을 쉬운 보기를 통해 잘 설명해 주신다.

① 발표　　② 실제　　③ 예시　　④ 원리

학습 활동 확인하기

1. 다음은 보고서를 작성할 때 필요한 내용입니다. 순서에 맞게 쓰세요.

㉠ 자료 수집	㉡ 계획 세우기
㉢ 보고서 쓰기	㉣ 자료 정리 및 분석

(　　　　) → (　　　　) → (　　　　) → (　　　　)

2. 보고서를 구성할 때의 설명으로 맞으면 ○, 틀리면 × 하세요.

(1) 수집한 자료는 거짓 없이 제시해야 한다. (　　　)

(2) 찾은 내용을 다 쓰지 않고 정리하여 제시한다. (　　　)

(3) 출처는 대표적인 것 1~2개만 쓰는 것이 좋다. (　　　)

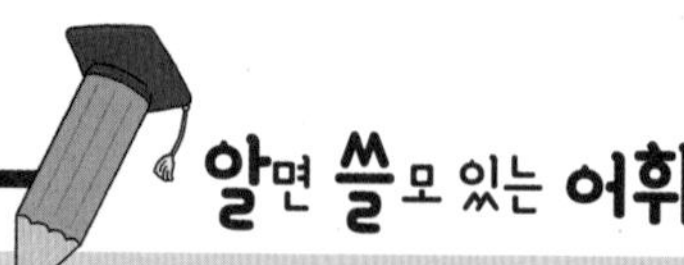

- **결과** 어떤 일이나 과정이 끝난 후의 상태나 현상.
- **덧붙이다** 원래 있던 것이나 이미 하던 일에 다른 것을 더하다.

학습 활동 더 알아보기

〈보고서 형식〉

- 보고서는 표지, 목차, 보고할 내용으로 구성할 수 있다.
- 표지는 보고서의 맨 앞장에 있는 것으로, 보고서의 제목과 제출한 사람에 대한 정보를 쓴다.
- 목차는 보고서의 내용 순서와 해당 위치를 한번에 보여 주는 것이다. 1~2장 정도의 짧은 보고서에서는 목차를 쓰지 않기도 한다. 목차를 보면 보고서의 전체적인 내용을 알 수 있고, 어떤 내용이 어디에 있는지 쉽게 찾을 수 있다.

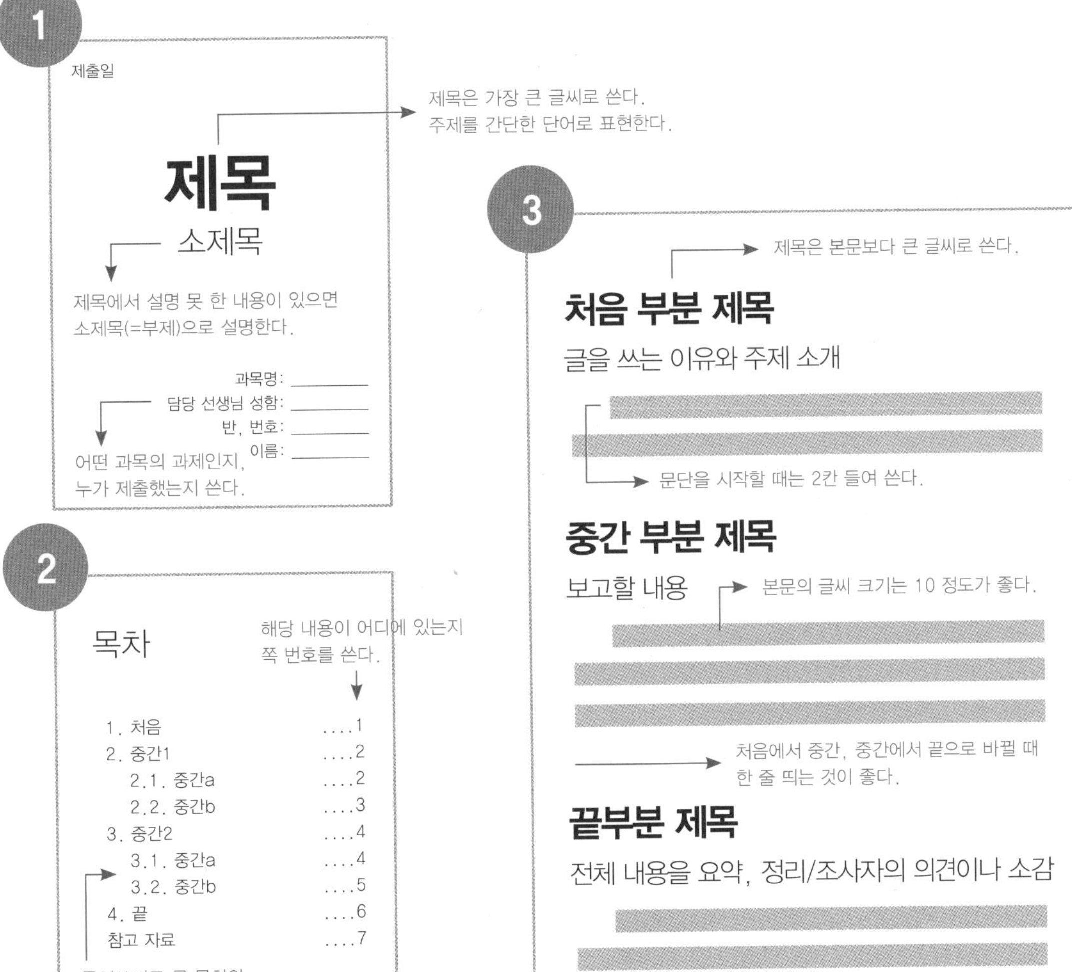
1
제출일
제목은 가장 큰 글씨로 쓴다.
주제를 간단한 단어로 표현한다.
제목
소제목
제목에서 설명 못 한 내용이 있으면
소제목(=부제)으로 설명한다.
과목명:
담당 선생님 성함:
반, 번호:
이름:
어떤 과목의 과제인지,
누가 제출했는지 쓴다.
2
목차
해당 내용이 어디에 있는지
쪽 번호를 쓴다.
1. 처음 1
2. 중간1 2
2.1. 중간a 2
2.2. 중간b 3
3. 중간2 4
3.1. 중간a 4
3.2. 중간b 5
4. 끝 6
참고 자료 7
들여쓰기로 큰 목차와
세부 목차를 구분한다.
3
제목은 본문보다 큰 글씨로 쓴다.
처음 부분 제목
글을 쓰는 이유와 주제 소개
문단을 시작할 때는 2칸 들여 쓴다.
중간 부분 제목
보고할 내용
본문의 글씨 크기는 10 정도가 좋다.
처음에서 중간, 중간에서 끝으로 바뀔 때
한 줄 띄는 것이 좋다.
끝부분 제목
전체 내용을 요약, 정리/조사자의 의견이나 소감
-1-
한 장 이상일 때는 쪽 번호를 쓴다.

요약하기 학습 기능 확인하기

요약하기란?

말이나 글에서 중요한 것을 골라 짧고 간단하게 정리하는 것을 말한다. 요약을 잘해 두면 보고서를 쓰거나 공부를 할 때 유용하다.

〈글을 요약할 때 주의할 점〉

- 어떤 종류의 글인지 고려한다.
- 중요한 내용이 무엇인지 파악한다.
- 어느 정도의 분량으로 요약할 것인지 생각한다.

학습 기능 익히기

▨ 다음은 자료를 요약한 보고서입니다. 다음에서 사용한 요약하기 방법으로 알맞은 것을 고르세요.

자료

공감하면서 듣는 것은 특별한 방법이 필요한 것은 아니다. 상대방의 말이나 목소리, 표정, 동작에 주의하면서 추측한 다음에 "너는 이렇게 느낀 것 같은데, 내 추측이 맞아?" 하면서 돌려주는 것이다. 상대방한테 들은 것을 다시 확인하면서 "응, 그렇구나."라는 말로 돌려주면서 정말로 그 말을 이해하고 있고, 또 그 말을 잘 들었다는 것을 나타내는 것이다.

보고서

공감하면서 듣는 유형은 상대방의 말, 목소리, 얼굴 표정, 동작에 주의하면서 추측한 다음에 상대방에게 들은 것을 다시 돌려주는 것이다.

① 예를 삭제한다.
② 중요한 단어만 쓴다.
③ 반복되는 내용을 지운다.
④ 비슷한 내용을 한 문장으로 재구성한다.

다음을 읽고 요약해 보세요.

교과서의 내용을 요약해서 공책에 필기하려고 한다.

03 세계의 지역

지역은 어떻게 나눠지는 것일까?

지역이란 자연이나 주변의 전체적인 모습이 서로 비슷하거나 그곳이 하는 역할이 비슷하여 같은 특징을 가지고 있는 공간을 말한다. 지역은 다른 곳과는 다른 특별한 특징을 가진다. 예를 들어 중국을 생각하면 판다가 사는 숲이 생각나고, 북극과 남극을 생각하면 큰 얼음 산이 생각나는 것이다. 이처럼 각 지역이 가진 특별한 특징을 지역성이라고 한다. 지역성은 정해져 있지 않으며, 시간이 지나서 변하기도 한다. 그리고 다른 지역과의 관계에 따라서 변하기도 한다.

03 세계의 지역

지역:
지역성:

정교화하기 학습 기능 확인하기

정교화하기란?

세부 사항, 자세한 설명, 실제 예, 관련 내용 등을 더해 내용의 완성도를 높이는 것을 말한다. 글이 정교해지면 글의 내용이 풍부해지고 보다 더 논리적인 글이 되기 때문에 사람들의 공감을 얻을 수 있다.

〈정교화할 때 주의할 점〉

- 관련이 있는 내용이어야 한다.
- 내용을 이해하는 데 실제로 도움이 되어야 한다.
- 새로운 내용을 추가하면 안 된다.

학습 기능 익히기

▨ 다음 글을 읽고 정교화된 부분을 찾아 표시하고 어떤 방법으로 정교화했는지 쓰세요.

비가 오랫동안 오지 않는 상황을 '가뭄'이라고 한다. 가뭄은 사람들의 삶에 많은 피해를 준다. 먼저 비가 오랫동안 오지 않으면 우리가 마시거나 씻을 때 사용할 물이 부족하다. 그리고 일을 할 때도 영향을 준다.

비가 오랫동안 오지 않는 상황을 '가뭄'이라고 한다. 가뭄은 사람들의 삶에 많은 피해를 준다. 먼저 비가 오랫동안 오지 않으면 우리가 마시거나 씻을 때 사용할 물이 부족하다. 그리고 일을 할 때도 영향을 준다. 예를 들어 물을 사용해야 하는 공장에서는 일을 할 수 없고, 농사를 지을 때도 물이 부족하면 농작물이 죽는다. 비가 내리는 때와 장소를 사람이 마음대로 할 수 없기 때문에 가뭄에 대한 대비가 필요하다.

정교화 방법:

학습 기능 더 익히기

▨ 다음을 읽고 정교화해 보세요.

소연이 '계절별 건강 관리 방법'을 주제로 보고서를 작성하고 내용을 점검하고 있다. 보고서의 완성도를 높이기 위해 글을 정교화하려고 한다.

계절별 건강 관리 방법

대한고등학교 1학년 김소연

한국에는 봄, 여름, 가을, 겨울의 사계절이 있다. 봄에는 따뜻하고, 여름에는 덥고, 가을에는 시원하고, 겨울에는 춥다. 계절별 건강 관리 방법에 대해 알아보자.

계절별로 자주 발생하는 질병에 대해 살펴보면, 봄에는 황사나 꽃가루 때문에 눈병이나 알레르기가 생기기 쉽다. 여름에는 햇빛이 강하고 날씨가 더워서 야외 활동을 오래하면 피부에 화상을 입거나 열사병에 걸릴 수 있다. 가을에는 낮과 밤의 온도 차이가 커서 감기에 걸리기 쉽다. 겨울에 기온이 영하로 떨어진 추운 곳에 오래 있으면 피부가 얼어서 상하는 동상에 걸릴 수 있다.

그렇다면 우리는 건강을 관리하기 위해 어떻게 해야 할까? 황사가 심한 날이나 햇빛이 강한 날에는 가능하면 외출을 하지 않는 것이 좋다. 낮과 밤의 온도 차이가 클 때는 몸의 온도를 유지하는 것이 중요하다. 그래서 몸을 따뜻하게 할 수 있는 옷을 가지고 다니면 좋다. 기온이 영하로 내려갈 때는 피부를 잘 보호해야 한다. 특히 손과 발에 동상이 걸릴 수 있으니 장갑을 끼거나 젖은 양말을 갈아 신는 것이 좋다.

만약 이런 날에 외출을 해야 하면 어떻게 해야 하는지에 대한 내용을 더 써야겠다.

____

____

____________________ 사진을 넣으면 친구들이 더 잘 이해할 수 있겠다.

4과 모둠 활동 하기

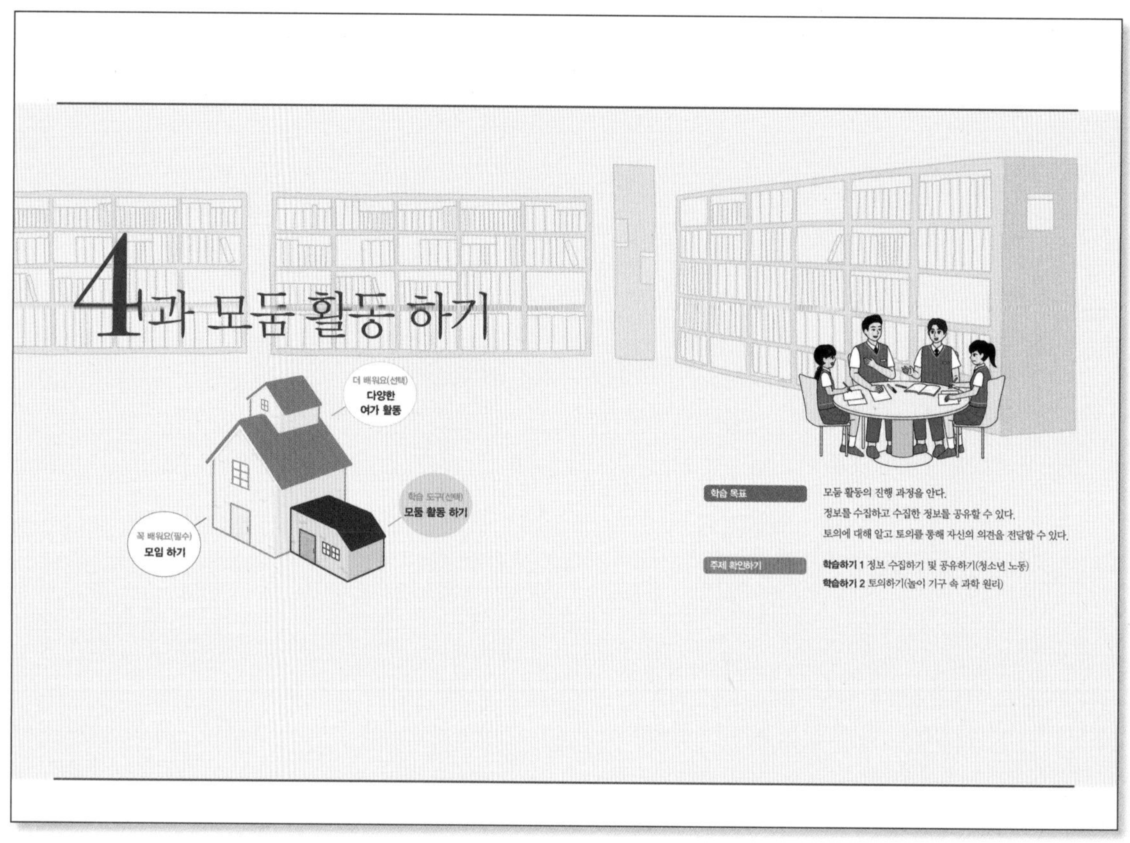

학습하기 1	**학습 기능**	모둠 활동 하기에서 정보 수집하기 및 공유하기 기능을 배운다. 정보 수집하기 및 공유하기는 필요한 자료를 찾아서 모으고, 모은 자료를 다른 사람들과 함께 나누어 가지는 것을 말한다.
	학습 도구 한국어 어휘 및 문법	조사, 설문, 대상, 특정, 현장, 기록, 현황, 해결, 공유하다, 분석하다, 가치, 연장, 제공하다, 수정하다
학습하기 2	**학습 기능**	모둠 활동 하기에서 토의하기 기능을 배운다. 토의하기란 공통의 관심사가 되는 어떤 문제에 대하여 가장 바람직한 해결 방안을 찾기 위해 집단 구성원이 의견을 나누는 과정을 말한다.
	학습 도구 한국어 어휘 및 문법	토의, 살펴보다, 보존, 법칙, 감소하다, 작용, 이동하다, 종합하다, 에 의해

학습 도구 어휘 및 문법 확인하기

1. 다음 (   )에 알맞은 것을 고르세요.

(1) 문제를 해결하기 위해서는 원인부터 정확하게 (   ) 한다.

① 분석해야 ② 연장해야 ③ 주의해야 ④ 표현해야

(2) 이 도서관에서는 청소년들이 읽으면 좋은 책의 목록을 (   ).

① 감소한다 ② 이동한다 ③ 제공한다 ④ 해결한다

(3) 이 그림은 옛날 사람들의 생활 모습을 잘 보여 주고 있다는 점에서 역사적 (   )이/가 매우 높다.

① 가치 ② 원리 ③ 법칙 ④ 특징

2. '에 의해'를 사용하여 〈보기〉와 같이 문장을 완성하세요.

〈보기〉

참가자의 요청, 기간, 연장 → 참가자의 요청에 의해 기간이 연장된다.

(1) 학생들의 선택, 소풍 장소, 결정되다

→ ____.

(2) 축구 경기 결과, 체육 대회 우승 반, 정해지다

→ ____.

3. 다음 밑줄 친 부분과 의미가 비슷한 것을 고르세요.

(1) 수호는 숙제를 내기 전에 맞춤법이 틀린 문장을 발견해서 고쳤다.

① 공유했다 ② 수정했다 ③ 종합했다 ④ 토의했다

(2) 이 건물은 조선 시대에 지어진 것으로 옛날 모습을 그대로 지키기 위해 정부에서 관리하고 있다.

① 보존하기 ② 작용하기 ③ 조사하기 ④ 평가하기

학습 활동 확인하기

1. 모둠 활동 하기에 대한 설명으로 맞으면 ○, 틀리면 X 하세요.

(1) 일정을 짠 뒤에 모둠을 만든다. ( )

(2) 자신의 역할을 잘 알고 최선을 다해야 한다. ( )

(3) 모둠 활동을 잘하고 있는지 중간에 확인하는 것이 좋다. ( )

2. 모둠 활동을 했을 때 좋은 점으로 알맞지 않은 것을 고르세요.

① 내가 찾지 못한 정보를 얻을 수 있다.

② 서로의 생각과 정보를 공유할 수 있다.

③ 정보를 찾기 위해 노력하지 않아도 된다.

④ 혼자 할 때보다 더 좋은 결과를 얻을 수 있다.

알면 쓸모 있는 어휘

- **소요** 필요하거나 요구됨.
- **최선** 열심히 하려는 모든 마음과 힘.
- **배분하다** 각 사람에게 주어지는 역할이나 일을 나누다.
- **돌아보다** 예전 일을 다시 생각하여 자세히 보다.
- **조율하다** 여러 입장의 차이에서 생긴 문제를 해결하기 위하여 정도를 알맞게 맞추다.

학습 활동 더 알아보기

〈모둠 활동을 하는 이유〉

• 하나보다는 둘이 모여서 같이 할 때 더 강한 힘을 낼 수 있다. 모둠 활동을 하면 어떤 일을 혼자 했을 때의 부족함을 채울 수 있다. 그리고 다른 사람과 함께 살아가는 방법을 배울 수 있다.

〈모둠 구성원의 역할〉

• 모둠에서는 아래와 같이 다양한 역할을 하는 사람이 있다.

- 모둠을 이끄는 사람
- 모둠원의 활동을 칭찬하는 사람
- 모둠 활동 내용을 기록하고 정리하는 사람
- 시간과 학습 도구 등을 관리하는 사람
- 학습 자료를 가져오거나 나누어 주고 정리하는 사람

〈모둠 활동 시 주의할 점〉

• 긍정적인 분위기를 만든다.
• 서로를 도와주며 활동에 적극적으로 참여한다.
• 서로가 다른 점을 존중해야 한다.

정보 수집하기 및 공유하기 　학습 기능 확인하기

정보 수집하기 및 공유하기란?

필요한 자료를 찾아서 모으고, 모은 자료를 다른 사람들과 함께 나누어 가지는 것을 말한다. 정보를 수집하고 공유하면 유용한 정보를 더 많이 얻고 나눌 수 있다.

〈정보 수집 시 고려할 사항〉

- 정보에 잘못된 내용은 없는지 확인한다.
- 정보가 믿을 수 있는 기관이나 전문가에게서 나온 것인지 확인한다.
- 최근에 만들어진 정보인지 확인한다.

학습 기능 익히기

▨ 다음 중 정보 수집하기 및 공유하기를 제일 잘한 사람을 고르세요.

세인

① 세 명에게 설문 조사를 하고 그 결과를 정리하고 공유했어.

소연

② 글을 읽으며 많은 자료를 찾아서 모두 공유했어.
책은 정보의 바다라고 하잖아.

수호

③ 직접 그 장소에 다녀와 보는 것이 좋을 것 같아서 다녀왔어.
그중에 중요한 정보를 공유했어.

나나

④ 인터넷에서 사람들이 쓴 글을 복사해서 그대로 공유했어.

학습 기능 더 익히기

▨ 다음을 읽고 정보를 수집하여 공유해 보세요.

친구들과 함께 과학 탐구 실험 대회에 나갈 계획이다. 과학 탐구 실험 대회와 관련된 정보를 찾아서 공유하려고 한다.

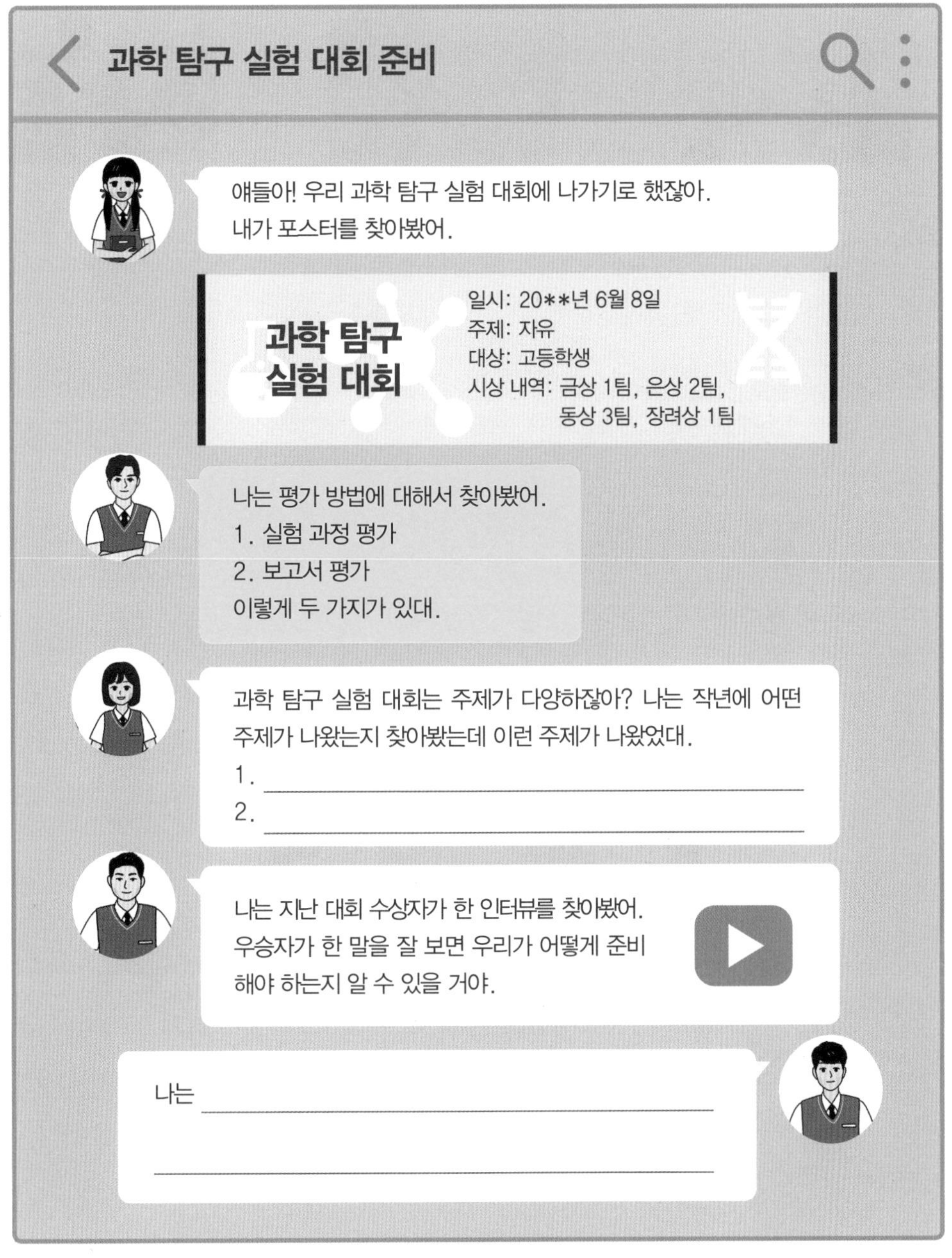

과학 탐구 실험 대회 준비
얘들아! 우리 과학 탐구 실험 대회에 나가기로 했잖아. 내가 포스터를 찾아봤어.
과학 탐구 실험 대회
일시: 20**년 6월 8일
주제: 자유
대상: 고등학생
시상 내역: 금상 1팀, 은상 2팀, 동상 3팀, 장려상 1팀
나는 평가 방법에 대해서 찾아봤어.
1. 실험 과정 평가
2. 보고서 평가
이렇게 두 가지가 있대.
과학 탐구 실험 대회는 주제가 다양하잖아? 나는 작년에 어떤 주제가 나왔는지 찾아봤는데 이런 주제가 나왔었대.
1. ______
2. ______
나는 지난 대회 수상자가 한 인터뷰를 찾아봤어. 우승자가 한 말을 잘 보면 우리가 어떻게 준비해야 하는지 알 수 있을 거야.
나는 ______

토의하기 / 학습 기능 확인하기

토의하기란?

공통의 관심사가 되는 어떤 문제에 대하여 가장 바람직한 해결 방안을 찾기 위해 집단 구성원이 의견을 나누는 과정을 말한다. 토의를 하면 주제에 대한 다양한 생각과 의견을 알 수 있다.

〈토의의 종류〉

포럼

• 전문가 한두 사람이 발표함.

패널 토의

• 전문가 여러 명이 앞에 나와 서로 다른 의견을 발표함.

원탁 토의

• 둥글게 앉아 자유롭게 의견을 나눔.

학습 기능 익히기

▨ 다음 중 토의를 잘못한 사람을 고르세요.

① 방금 한 말은 토의 주제에서 조금 벗어난 것 같아. 생각을 다시 정리해 볼게.

② 모두의 의견이 똑같지 않아서 결론이 나지 않네. 이럴 때는 많은 사람들이 선택한 의견을 따르는 게 어때?

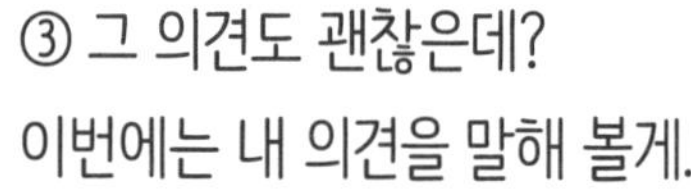

③ 그 의견도 괜찮은데?
이번에는 내 의견을 말해 볼게.

④ 나는 회의 주제가 마음에 안 들어. 회의 주제를 다른 걸로 바꾸는 게 어때?

학습 기능 더 익히기

▨ 다음을 읽고 토의 결과를 바탕으로 계획서를 작성해 보세요.

친구들과 모둠 활동을 하고 있다. 우리 조는 살기 좋은 지역을 만들기 위한 활동을 하고 싶다. 어떤 활동이 좋을지 토의하고 모둠 활동 계획서를 작성하려고 한다.

① 다른 지역에서는 살기 좋은 지역을 만들기 위해 어떤 활동을 하는지 찾아봤어. 다른 지역에서는 '깨끗한 동네 만들기'와 '마을 공동체 만들기' 활동을 하고 있어. 우리는 어떤 활동을 하면 좋을까?

② '마을 공동체 만들기'는 우리가 하기는 힘들 것 같아. '깨끗한 동네 만들기'는 우리도 쉽게 할 수 있겠어.

③ 나도 그렇게 생각해. 요즘 공원을 이용하는 사람들이 많아지면서 공원에 쓰레기도 많아졌어. 공원을 청소하는 게 어떨까?

④ 좋은 생각이야. 이번 주부터 한 달 동안 하자. 토요일 12시에 만나자.

모둠 활동 계획서

활동	
참가자	4조(민우, 나나, 세인, 유미)
기간 및 시간	
장소	
내용	

5과 책 읽기

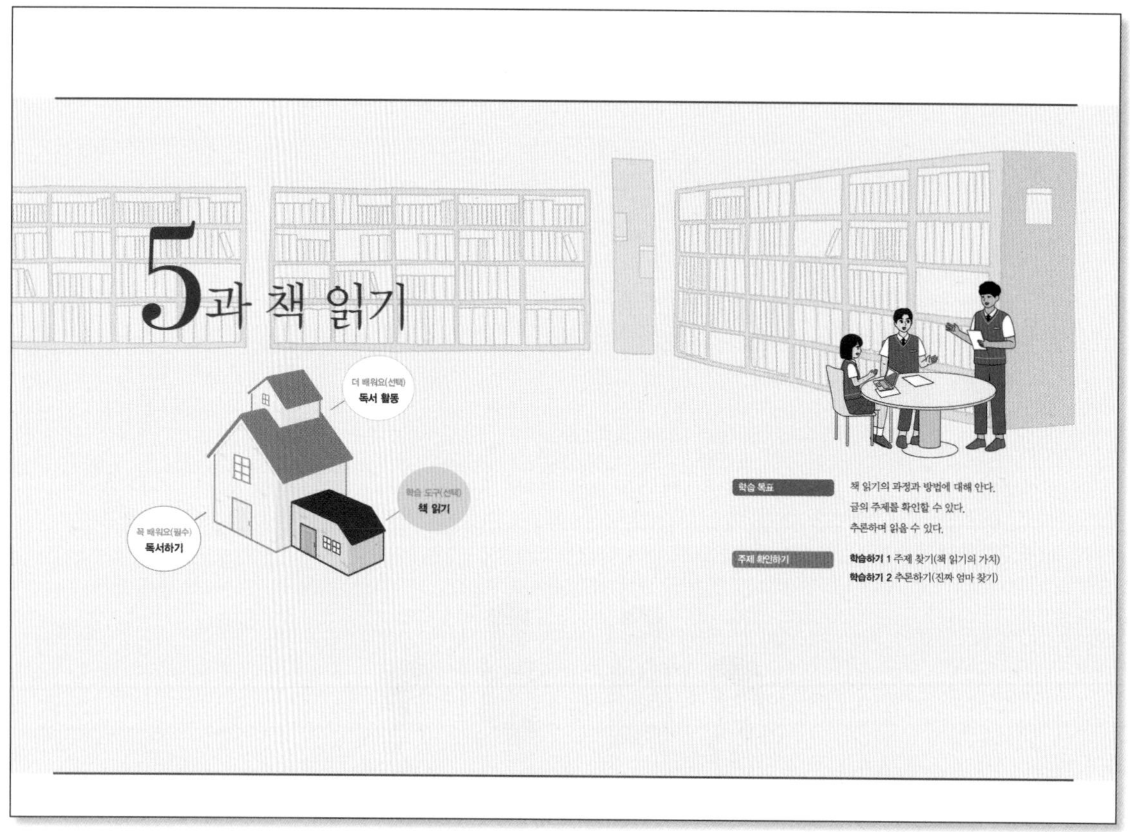

학습하기 1	**학습 기능**	책 읽기 활동에서 주제 찾기 기능을 배운다. 주제 찾기란 글의 내용과 현상과의 관계를 앎으로써 글 쓴 사람이 표현하려고 하는 주된 생각을 찾는 것을 말한다.
	학습 도구 한국어 어휘 및 문법	문명, 역할, 포함하다, 사회적, 소통, 시대, 지역, 집단, 연구하다, 비판하다, 과정, 능동적, 구성하다
학습하기 2	**학습 기능**	책 읽기 활동에서 추론하기 기능을 배운다. 추론하기란 이미 알려진 정보를 근거로 하여 새로운 판단을 이끌어 내는 것을 말한다.
	학습 도구 한국어 어휘 및 문법	결론, 증거, 원칙, 인과, 원인, 유추, 반면, 보호하다, 안정, 심리, 구별하다, 논리적

학습 도구 어휘 및 문법 확인하기

1. 다음 (　　　)에 알맞은 것을 고르세요.

(1) 오랜 시간 회의를 했지만 서로 의견이 달라서 (　　　)을 내리지 못했다.

① 과정　② 결론　③ 안정　④ 추론

(2) 담배를 피우는 사람이 폐암에 더 많이 걸리는 것을 보면 둘 사이에는 (　　　) 관계가 있다고 할 수 있다.

① 구성　② 반대　③ 보호　④ 인과

(3) 1300년 전에는 우리가 지금 사용고 있는 모양의 시계가 없었다. 그 (　　　)에는 해와 물을 이용하여 시간을 알았다.

① 기록　② 문명　③ 시대　④ 심리

2. 다음 밑줄 친 부분과 의미가 비슷한 것을 고르세요.

(1) 글을 잘 쓰기 위해서는 여섯 가지 기본 규칙을 지켜야 한다.

① 소통　② 역할　③ 원칙　④ 해결

(2) 많은 과학자들이 우주가 어떻게 만들어졌는지에 대해 탐구한다.

① 구별한다　② 연구한다　③ 비판한다　④ 포함한다

3. 다음 밑줄 친 부분과 의미가 반대인 것을 고르세요.

(1) 자신의 일은 자기 스스로 상황을 판단해 능동적으로 해야 한다.

① 논리적　② 대표적　③ 사회적　④ 수동적

(2) 여름 캠프는 또래들과의 집단 생활을 통해 공동체 의식을 기르는 데 도움이 된다.

① 개인　② 과정　③ 종합　④ 지역

학습 활동 확인하기

1. 책을 읽은 후에 하는 활동으로 알맞지 않은 것을 고르세요.

① 내 삶에 적용해 보기

② 책을 읽는 목적 확인하기

③ 새로 깨달은 점을 글로 정리하기

④ 추가로 알고 싶은 내용 정리하여 자료 찾기

2. 좋은 책을 고르는 방법으로 맞으면 ○, 틀리면 × 하세요.

(1) 복잡하고 어려운 책을 고른다. (　　)

(2) 상상력을 자극하는 주제의 책을 고른다. (　　)

(3) 오랜 시간 동안 많은 사람들이 읽은 책을 고른다. (　　)

알면 쓸모 있는 어휘

- **배경지식** 어떤 일을 하거나 연구할 때, 이미 머릿속에 들어 있거나 기본적으로 필요한 지식.
- **활성화** 사회나 조직 등의 기능이 활발함. 또는 그러한 기능을 활발하게 함.
- **깨닫다** 느끼거나 알게 되다.
- **교양** 사회적 경험이나 배워서 아는 지식을 바탕으로 사회생활, 문화 등 여러 분야에서 쌓은 지식이나 그러한 상태.
- **자극하다** 어떤 반응이 나타나도록 외부에서 영향을 주다.
- **수준** 사물의 가치나 질 등을 판단하는 기준이 되는 정도.

〈도서 분류〉

• 책의 종류를 알면 도서관이나 서점에서 책을 쉽게 찾을 수 있다.

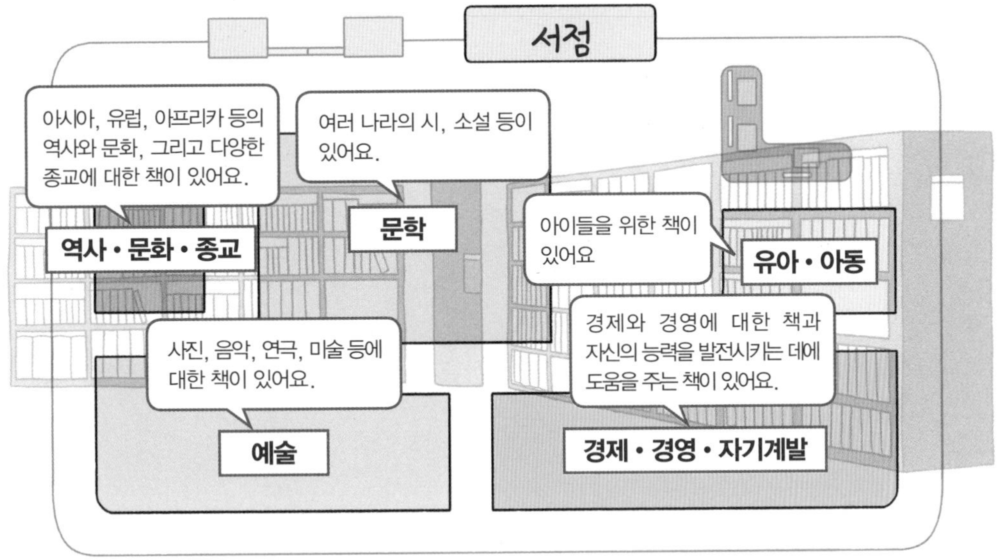

〈책 읽는 방법〉

• **정독**: 단어의 뜻을 알아 가며 책을 자세하게 읽는 것이다.
 - 책의 내용을 생각하며 읽기 때문에 기억에 잘 남는다.
 - 깊이 있는 내용의 책이나 전문 분야의 책을 읽을 때 좋다.

• **속독**: 빠른 속도로 필요한 정보만 파악하면서 읽는 것이다.
 - 많은 정보를 빠르게 얻을 수 있다.

• **통독**: 책이나 글을 처음부터 끝까지 살피면서 읽는 것이다.
 - 정독은 꼼꼼하게 그 의미를 생각하며 읽는 것이고, 통독은 필요한 내용이 있는지 알아보기 위해 읽는 것이다.
 - 통독은 정독을 하기 전에 책의 내용을 먼저 이해하기 위해 읽거나, 서점에서 책을 고를 때 이용할 수 있는 읽기의 방법이다.

주제 찾기 학습 기능 확인하기

주제 찾기란?

글의 내용과 현상과의 관계를 앎으로써 글 쓴 사람이 표현하려고 하는 주된 생각을 찾는 것을 말한다. 글을 구성하고 있는 문단은 모두 주제를 돕기 위한 것이다. 그러므로 각 문단의 중심 내용을 요약하면 주제를 찾을 수 있다.

〈주제와 문단〉

- **주제**
  - 주제는 글의 중심 생각이다.
  - 주제는 글을 쓸 때 가장 먼저 명확히 정해져 있어야 한다.
- **문단**
  - 문단은 여러 개의 문장이 모여 하나의 완전한 생각을 담고 있는 글의 단위이다.
  - 한 문단은 하나의 중심 내용으로 이루어진다.

학습 기능 익히기

▨ 다음 중 주제 찾기에 대한 설명으로 알맞은 것을 고르세요.

① 중심 내용이 세부 내용을 모두 포괄할 필요는 없다.

② 모든 문단마다 주제를 나타내는 어휘가 꼭 있어야 한다.

③ 글의 목적을 아는 것은 글의 주제 찾기에 도움이 되지 않는다.

④ 문단에서 중요한 단어나 표현을 찾으면 중심 내용을 찾을 수 있다.

학습 기능 더 익히기

▨ 다음을 읽고 주제를 찾아보세요.

내일 국어 시간에 배울 내용을 예습하고 있다. 한국의 전래 동화를 읽고 글의 주제를 확인하려고 한다.

옛날 어느 마을에 흥부와 놀부 형제가 살았습니다. 동생 흥부는 성격이 착하고 남을 돕는 것을 좋아했습니다. 그에 비해 형 놀부는 욕심이 많고 성격이 나빴습니다. 그런 놀부는 항상 흥부가 싫었습니다. 그래서 부모님이 돌아가시자마자 놀부는 흥부네 가족을 모두 집 밖으로 내보냈습니다. 그래서 흥부네 가족은 낡고 오래된 집에서 가난하게 살게 되었습니다.

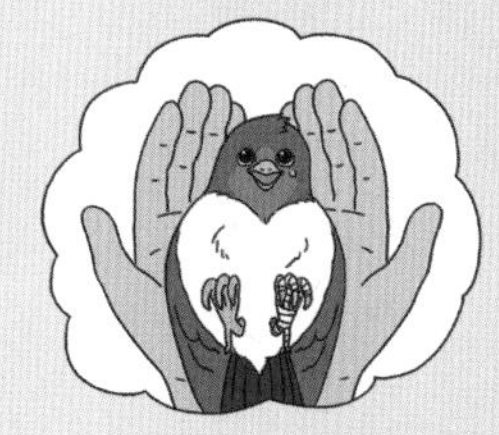

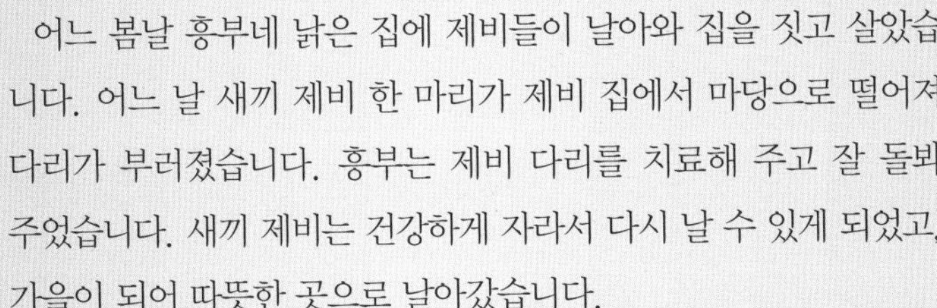

어느 봄날 흥부네 낡은 집에 제비들이 날아와 집을 짓고 살았습니다. 어느 날 새끼 제비 한 마리가 제비 집에서 마당으로 떨어져 다리가 부러졌습니다. 흥부는 제비 다리를 치료해 주고 잘 돌봐 주었습니다. 새끼 제비는 건강하게 자라서 다시 날 수 있게 되었고, 가을이 되어 따뜻한 곳으로 날아갔습니다.

다음 해 봄이 되자, 제비들이 다시 흥부네 집으로 와 박씨 하나를 두고 갔습니다. 흥부는 그 박씨를 마당에 심었습니다. 시간이 지나 박씨가 자라서 큰 박이 되었을 때 흥부네 가족들은 모두 모여 박을 열었습니다. 그런데 그 안에는 금은보화가 있었습니다. 흥부네 가족은 부자가 되었습니다.

(1) 각 문단의 중심 내용

첫 번째 문단:

두 번째 문단:

세 번째 문단:

(2) 글의 주제:

추론하기 / 학습 기능 확인하기

추론하기란?

이미 알려진 정보를 근거로 하여 새로운 판단을 이끌어 내는 것을 말한다. 같은 것을 보고도 사람에 따라 다르게 추론할 수 있다.

〈추론할 때 주의할 점〉

1. 사례에 의한 추론
증거로 제시한 사례가 대표성을 갖는지, 믿을 수 있는지 확인하는 것이 중요하다.

2. 원칙에 의한 추론
듣는 사람이 일반적으로 동의할 수 있는 원칙을 제시하는 것이 중요하다.

3. 인과적 추론
원인이 잘못되면 잘못된 결론이 나오므로 원인이 무엇인지 잘 파악해야 한다.

4. 유추에 의한 추론
비교하는 사례가 비슷하다는 것이 인정되어야 한다.

학습 기능 익히기

▨ 다음은 어떤 방법을 사용해서 추론한 것인지 알맞은 것을 고르세요.

옆집에 한 남자가 새로 이사를 왔다. 이 남자는 밤늦게까지 책상 앞에 앉아 책을 읽거나 무엇인가를 쓴다. 작가들은 글을 많이 쓰고 다른 작가의 책도 많이 읽는다고 들었다. 아마 옆집 남자는 작가인 것 같다.

① 인과적 추론　　② 원칙에 의한 추론

③ 사례에 의한 추론　　④ 유추에 의한 추론

학습 기능 더 익히기

▨ 다음 실험을 보고 실험 결과를 추론해 보세요.

물의 특징을 알아보고, 유리컵에 물을 얼리면 어떻게 될지 실험 결과를 추론하려고 한다.

〈물의 특징〉

액체인 물은 고체 상태가 되면 액체일 때보다 *부피가 약 10% 커진다.

*부피: 1㎤ = 1㎝ × 1㎝ × 1㎝

〈물의 부피 변화 실험 과정〉

준비물: 시험관, 펜

1. 시험관에 물을 반 정도 넣는다. 그리고 펜으로 물의 높이를 확인한다.
2. 물을 넣은 시험관을 냉동실에 넣는다.
3. 냉동실에서 얼은 시험관을 꺼내서 시험관의 물의 높이와 무게를 확인한다.

〈물의 부피 변화 실험 결과〉

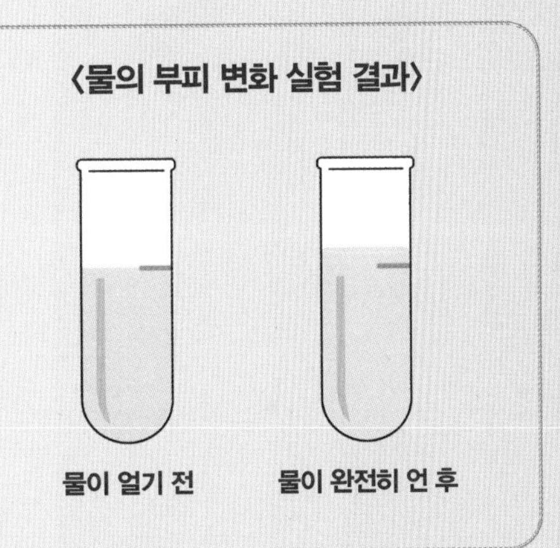

그럼 유리컵 안에 물을 가득 넣고 얼리면 어떻게 될까요? 추론해 보세요. 왜 그렇게 추론했어요?

①

②

③

6과 필기하기

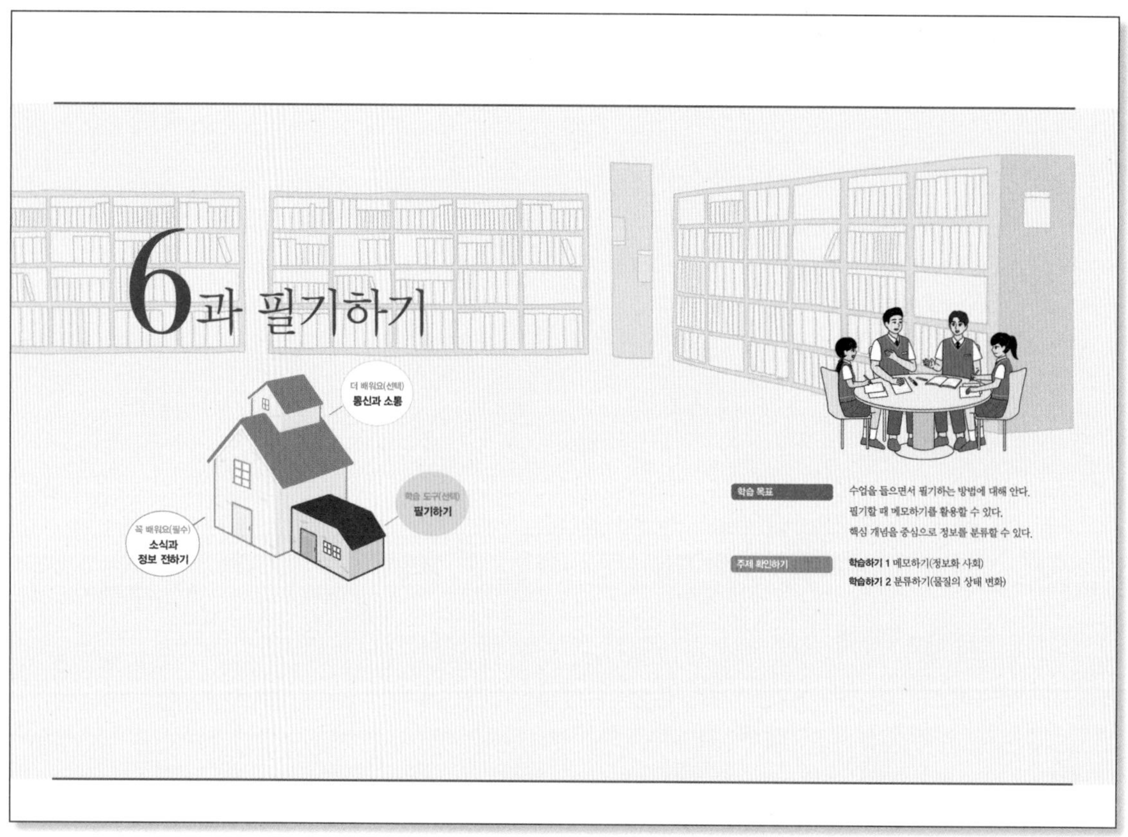

학습하기 1	**학습 기능**	필기하기에서 메모하기 기능을 배운다. 메모하기란 어떤 내용을 잊어버리지 않기 위해 중요한 점을 간단하고 짧게 적어 두는 것을 말한다.
	학습 도구 한국어 어휘 및 문법	공간, 양식, 변화, 통신, 가상, 형성되다, 방식, 기술, 발달, 핵심, 기호, 증가하다, 소비, 확대되다, 이란

학습하기 2	**학습 기능**	필기하기에서 분류하기 기능을 배운다. 분류하기란 여러 대상을 어떤 기준에 따라 같은 특성을 가진 것끼리 묶어서 나누는 것을 말한다.
	학습 도구 한국어 어휘 및 문법	분류하다, 기준, 성질, 물질, 구분하다, 특징, 일정하다, 명확하다

학습 도구 어휘 및 문법 확인하기

1. 다음 (   )에 알맞은 것을 고르세요.

(1) 수학에는 Σ, Ø, √ 등 여러 가지 (   )이/가 사용된다.

① 기호 ② 성질 ③ 양식 ④ 증거

(2) 수호가 언제 시간이 되는지 (   ) 답을 주지 않아서 아직 약속 시간을 못 정했다.

① 명확한 ② 유추한 ③ 일정한 ④ 형성한

(3) 쓰레기는 다시 사용할 수 있느냐에 따라 일반 쓰레기와 재활용 쓰레기로 (   ) 수 있다.

① 구성할 ② 분류할 ③ 연구할 ④ 포함할

2. '이란/란'을 사용하여 〈보기〉와 같이 문장을 완성하세요.

〈보기〉

겸손이란 자신을 낮추고 상대방을 존중하는 마음과 태도를 말한다. (겸손)

(1) ________ 살면서 충분한 만족과 기쁨을 느끼는 상태를 말한다. (행복)

(2) 진정한 ________ 상대방의 입장에서 한 번 더 생각하는 것을 말한다. (배려)

3. 다음 밑줄 친 부분과 의미가 반대인 것을 고르세요.

(1) 올해 신입생의 수가 크게 증가했다.

① 감소했다 ② 구분했다 ③ 발달했다 ④ 이동했다

(2) 내년부터 노인을 위한 생활 지원이 확대될 예정이다.

① 변화될 ② 수정될 ③ 축소될 ④ 해결될

학습 활동 확인하기

다음 〈보기〉에서 코넬식 노트 필기 방법의 각 영역과 그 부분에 들어갈 내용을 찾아 쓰세요.

〈보기〉	
영역	㉠ 제목 ㉡ 노트 정리 ㉢ 요약정리 ㉣ 핵심 개념
내용	ⓐ 중요한 내용을 요약한다. ⓑ 단원명이나 수업의 주제를 적는다. ⓒ 수업을 들으면서 수업 내용을 메모한다. ⓓ 핵심 개념을 핵심 단어나 질문으로 표현한다.

__________ 영역:

__________ 영역:

__________ 영역:

__________ 영역:

- **집중** 한 가지 일에 모든 힘을 쏟아부음.
- **보충하다** 부족한 것을 더하다.
- **요약정리** 말이나 글의 중요한 것을 간단하게 정리하고, 분류하여 종합하는 일.
- **코넬식 필기법** 미국 코넬대학교에 있는 한 교수가 학생들의 학습 효과를 높이기 위해 만든 노트 필기 방법.

〈필기를 잘하는 방법〉

- 자신에게 맞지 않는 방법으로 필기를 하는 것은 학습에 효과가 없다. 자신에게 맞는 방법으로 필기를 해야 도움이 된다.
- 다음과 같은 것들을 고려하여 정리하면 필기하기의 효과를 높일 수 있다.
  - 필기해야 할 것과 하지 않아도 될 것
  - 이해한 것과 이해하지 못한 것
  - 요약할 것과 요약하지 않아도 될 것
  - 외운 것과 외우지 못한 것
  - 정리해야 할 것과 정리하지 않아도 될 것 등

〈과목별 필기법〉

- **국어, 사회**: 개념을 이해하고 외우는 것이 중요하므로 코넬식 노트 필기법을 활용하는 것이 효과적이다.
- **수학**: T형태의 노트 필기가 효과적이다. 가운데 선을 기준으로 왼쪽에는 자신의 문제 풀이 과정을, 오른쪽에는 정답지에 설명되어 있는 풀이 과정을 적는다.

〈T형태 노트 필기법〉

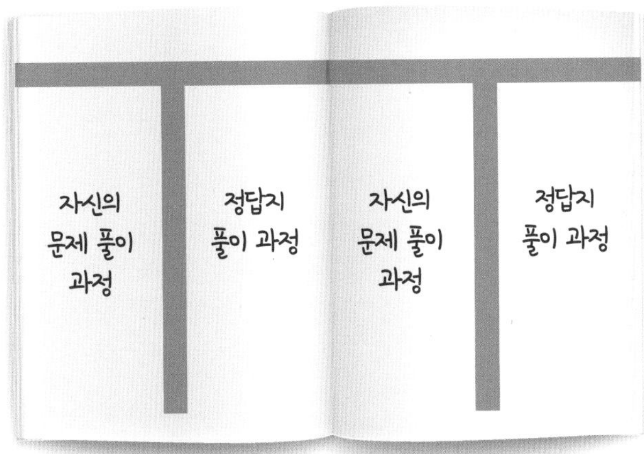

메모하기 학습 기능 확인하기

메모하기란?

어떤 내용을 잊어버리지 않기 위해 중요한 점을 간단하고 짧게 적어 두는 것을 말한다. 메모를 할 때는 중요하거나 교과서에 없는 내용을 간단하게 적기, 긴 글을 한눈에 볼 수 있게 요약하기 등의 방식이 효과적이다.

〈독서하면서 메모를 하면 좋은 점〉

- 책의 내용을 더 잘 이해하고 더 잘 기억할 수 있게 된다.
- 더 많이 생각할 수 있게 된다.

〈독서하면서 책의 빈 공간에 메모하면 좋을 내용〉

- 핵심 어휘나 표현
- 책을 읽으며 떠오른 생각과 질문
- 책의 내용 요약
- 책을 읽고 해 보고 싶은 일

학습 기능 익히기

▨ 다음에서 사용한 메모하기의 방법을 모두 찾으세요.

1. 집합

- 집합
- 원소
- 부분집합

주어진 기준에 의하여 그 대상을 분명하게 정할 수 있을 때, 그 대상의 모임을 **집합**이라고 하며, 집합을 이루는 하나하나를 그 집합의 **원소**라고 한다.

두 집합 A, B에서 집합 A의 모든 원소가 B에 속할 때, 집합 A를 집합 B의 **부분집합**이라고 하며, 이것을 기호로 $A \subset B$와 같이 나타낸다. 이때 '집합 A는 집합 B에 포함된다.' 또는 '집합 B는 집합 A를 포함한다.'고 한다.

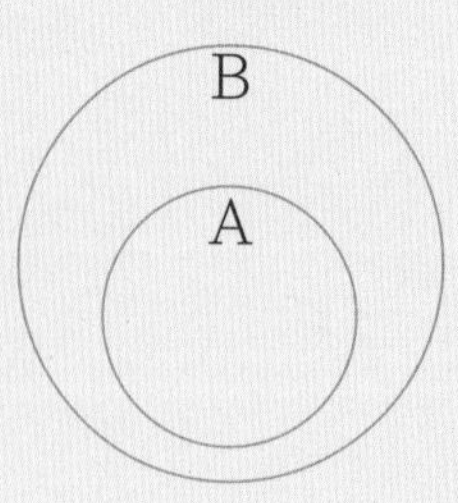

① 그림을 활용한다.　② 교과서에 없는 설명을 적는다.

③ 중요한 단어만 적는다.　④ 간단한 기호로 중요한 것을 표시한다.

학습 기능 더 익히기

▨ 다음을 읽고 메모해 보세요.

'저작권'과 관련된 글을 읽고 있다. 글을 읽으면서 떠오르는 생각, 궁금한 점, 중요한 단어 등을 빈 공간에 메모하려고 한다.

어떤 사람의 생각이나 감정을 글이나 그림처럼 다른 사람들이 보거나 느낄 수 있게 만든 것이 '저작물'이다. 그 사람이 그 저작물의 주인이라는 것을 법적으로 확인해 주는 것을 '저작권'이라고 한다.

그렇다면 원숭이가 스스로 찍은 사진의 저작권은 누구에게 있을까? 영국에서 '원숭이 셀카 사진'을 두고 저작권 문제가 있었다. 영국의 사진작가가 인도네시아에서 잠시 카메라를 내려놓은 사이에 원숭이가 카메라를 가져가 자신의 얼굴을 스스로 찍었다. 얼마 후 이 사진이 인터넷에서 무료로 사용되자 사진작가는 법원에 자신의 카메라에 찍힌 사진을 누구나 쓸 수 있게 공개한 것은 문제가 있다고 말했다. 그러나 법원은 "사람이 만든 것에만 저작권이 있다."라고 하면서 사진작가에게 저작권이 없다는 결정을 내렸다.

분류하기 학습 기능 확인하기

분류하기란?

여러 대상을 어떤 기준에 따라 같은 특성을 가진 것끼리 묶어서 나누는 것을 말한다. 어떤 대상을 분류하면 대상의 특성도 분명하게 할 수 있고 다른 것들과의 공통점과 차이점을 쉽게 확인할 수 있다.

〈분류〉

- 비슷하거나 같은 성질을 가진 사물을 일정한 기준으로 종류별로 나누는 것이다.

예) 가게는 파는 물건에 따라 과일 가게, 생선 가게, 채소 가게 등으로 나눌 수 있다.

〈분석〉

- 하나의 대상을 그것을 이루고 있는 것들로 나누어서 논리적으로 설명하는 것이다.

예) 식물은 꽃, 잎, 줄기, 뿌리로 나눌 수 있다.

학습 기능 익히기

▨ '과일'을 어떻게 분류한 것인지 그 기준을 찾으세요.

분류 기준		
	레몬 참외 바나나	딸기 체리 사과

① 가격　　② 계절

③ 색깔　　④ 크기

다음을 읽고 분류해 보세요.

음악 시간에 여러 악기에 대해 배웠다. 배운 내용을 복습하면서 이 악기들을 일정한 기준에 따라 분류하려고 한다.

분류 기준		
1.		

분류 기준		
2.		

7과 복습하기

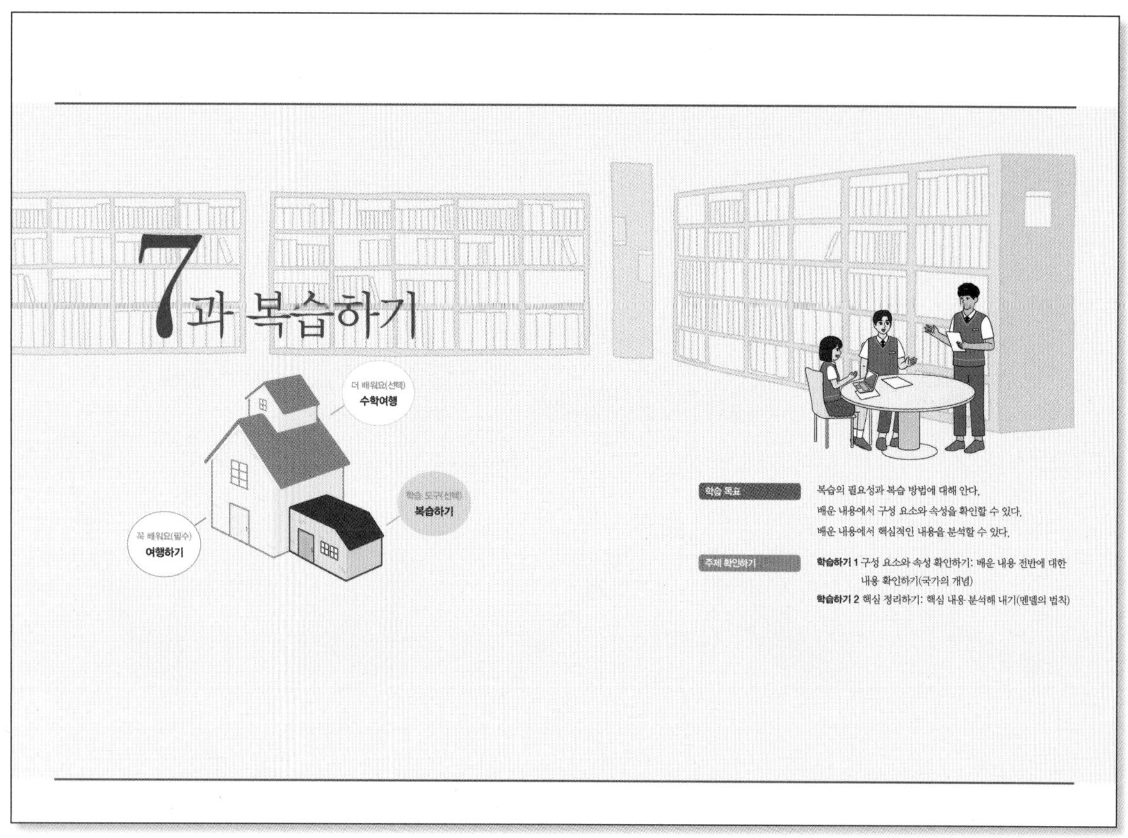

학습하기 1	**학습 기능**	복습하기에서 구성 요소와 속성 확인하기 기능을 배운다. 구성 요소와 속성 확인하기란 대상이 어떤 부분들로 이루어져 있는지를 알고 그것들의 특징을 분명하게 확인하는 것을 말한다.
	학습 도구 한국어 어휘 및 문법	요소, 속성, 부가적, 조직, 주체, 포괄적, 개념, 범위, 영역, 교류

학습하기 2	**학습 기능**	복습하기에서 핵심 정리하기 기능을 배운다. 핵심 정리하기란 가장 중심이 되거나 중요한 내용을 체계적으로 나누거나 모으는 것을 말한다.
	학습 도구 한국어 어휘 및 문법	파악하다, 실험, 대립, 현상, 예상하다, 체계적, 단원, 발견하다

학습 도구 어휘 및 문법 확인하기

1. 다음 (　　　)에 알맞은 것을 고르세요.

(1) 영어 시간에 (　　　)이/가 끝날 때마다 쪽지 시험을 본다.

① 단원　② 분류　③ 예상　④ 특징

(2) 땅은 물론 바다와 하늘에도 각 나라의 (　　　)이 구분되어 있다.

① 가상　② 문명　③ 속성　④ 영역

(3) 두레는 서로의 일을 돕기 위해 마을 사람들이 모여서 만든 전통 (　　　)이다.

① 법칙　② 요소　③ 이론　④ 조직

(4) 과학 기술의 발달로 인간의 활동 (　　　)가 지구를 넘어 우주까지 확대되었다.

① 범위　② 실제　③ 주체　④ 증가

(5) 학습자의 수준에 따라 초·중·고급으로 나눠 (　　　)으로 교육을 하는 곳이 많아졌다.

① 객관적　② 부가적　③ 사회적　④ 체계적

2. 다음 밑줄 친 부분과 의미가 비슷한 것을 고르세요.

(1) 기름은 물과 섞이지 않는 <u>속성</u>이 있다.

① 개념　② 성질　③ 역할　④ 주장

(2) 장기자랑에 모든 학생이 참여해야 한다는 의견과 잘하는 학생만 참여하는 것이 좋다는 의견이 <u>맞서고</u> 있다.

① 대립하고　② 동의하고　③ 발견하고　④ 연구하고

학습 활동 확인하기

1. 복습의 중요성 및 효과로 알맞지 않은 것을 고르세요.

① 복습은 여러 번 하는 것이 좋다.

② 복습을 하면 배운 내용을 더 오래 기억할 수 있다.

③ 복습을 하면 배운 내용을 더 정확하게 이해할 수 있다.

④ 학습한 후 오랜 시간이 지난 다음에 복습을 하면 효과적이다.

2. 복습 계획 및 방법에 대한 설명으로 맞으면 ○, 틀리면 × 하세요.

(1) 학습한 양이 적을 때는 여러 번 복습할 필요가 없다. (　　　)

(2) 가장 효과적인 복습 주기는 10분, 1일, 7일, 30일이다. (　　　)

(3) 복습 방법에는 교과서 다시 읽기, 공책 정리하기 등이 있다. (　　　)

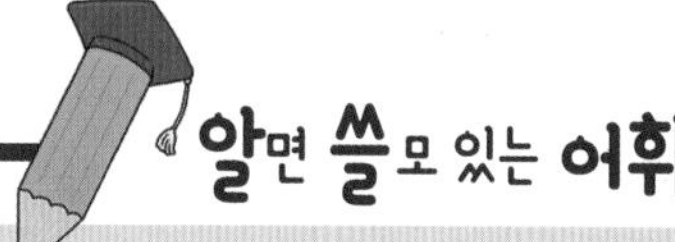

- **규칙적** 어떤 일에 일정한 형태나 유형이 나타나는 것.
- **주기** 같은 현상이나 특징이 한 번 나타나고 다음에 다시 나타나기까지의 기간.
- **꾸준히** 거의 변함이 없이 꼭 같이.
- **떠올리다** 기억을 되살리거나 잘 생각나지 않던 것을 생각해 내다.
- **합치다** 여럿을 하나로 모으다.
- **소모하다** 써서 없애다.

학습 활동 더 알아보기

〈교과서로 복습하는 방법: 교과서 제대로 읽기〉

1. 연필로 모르는 단어나 중요 단어에 밑줄 긋기를 하며 편하게 읽는다.
   이때 책 내용을 다 이해하지 않아도 된다.
2. 색깔 펜으로 정말 중요한 단어를 표시하면서 읽는다.
3. 연필로 밑줄 그은 부분과 색깔 펜으로 표시한 부분을 다시 읽는다.

〈복습 방법 더 알아보기〉

- **친구와 함께 복습하기**
  - 친구들과 협동 학습을 하면서 복습할 수 있다. 자신이 배운 것을 가르쳐 주고, 모르는 것에 대해 도움을 받을 수 있다.
- **문제 풀기**
  - 학습한 내용과 관련된 문제를 풀어 본다.
- **예상 문제 만들기**
  - 공부한 내용을 가지고 스스로 문제를 만들고 풀어 보면 잘 이해했는지 확인할 수 있다.

구성 요소와 속성 확인하기 / 학습 기능 확인하기

구성 요소와 속성 확인하기란?

대상이 어떤 부분들로 이루어져 있는지를 알고 그것들의 특징을 분명하게 확인하는 것을 말한다. 구성 요소와 속성을 확인하면 내용을 더 분명히 이해할 수 있다.

〈구성 요소와 속성〉

- **구성 요소:** 무엇을 이루는 성분의 최소 단위
- **속성:** 사물이 원래 가지고 있는 특성과 특징

〈한글의 구성 요소〉

- 한글의 속성: 한글은 자음 글자와 모음 글자로 이루어진 음소 글자인데, 음절 단위로 모아쓰는 특징이 있다.
- 한글의 구성 요소: 음절은 초성, 중성, 종성으로 이루어지는데 초성과 종성에는 자음 글자를, 중성에는 모음 글자를 쓴다.

학습 기능 익히기

▨ 구성 요소와 속성 확인하기에 대한 설명으로 맞으면 ○, 틀리면 × 하세요.

(1) 대상이 무엇으로 이루어져 있는지를 아는 것이다. (　　)

(2) 구성 요소가 갖는 특징을 파악하는 것과는 관계가 없다. (　　)

(3) 속성은 중요한 정도에 따라 핵심적인 속성과 부가적인 속성으로 나눌 수 있다. (　　)

학습 기능 더 익히기

▨ 다음 글을 읽고 점검하기의 과정에서 구성 요소와 속성을 확인해 보세요.

달의 변화를 관찰하기 위한 계획이 잘 진행되고 있는지 확인하려고 한다. 다음 계획서를 보고 확인해야 하는 내용을 표로 정리할 것이다.

지금 일이 잘 진행되고 있는 걸까? 무엇을 점검해야 할까?

처음에 만들었던 계획서의 내용을 중심으로 점검표를 만들어 봐.

▶ **탐구 계획서**

대한고등학교 1학년 2반　이름: 이민우

주제	달의 다양한 모습		
목표	시간의 흐름에 따라 달의 모습이 어떻게 변화하는지 확인한다.		
기간	20**년 5월 30일~7월 3일		
세부 일정	**일시**	**활동 내용**	**방법**
	5월 30일	관찰에 필요한 도구 준비하기	
	6월 1일 ~ 6월 30일	관찰하기	
	6월 1일 ~ 6월 30일	관찰 내용 정리하기	
	7월 1일 ~ 7월 3일	추가 정보 수집하기	인터넷, 책 등

▶ **점검표**

점검 내용	네	아니요	보완 사항
1. 관찰 도구를 잘 준비했는가?			
2. 매일 관찰하고 있는가?			
3.			
4.			

핵심 정리하기 / 학습 기능 확인하기

핵심 정리하기란?

가장 중심이 되거나 중요한 내용을 체계적으로 모아 정리하는 것을 말한다. 글의 주제를 찾고 관련 어휘와 표현을 모으면 내용의 핵심을 정리하는 데 도움이 된다.

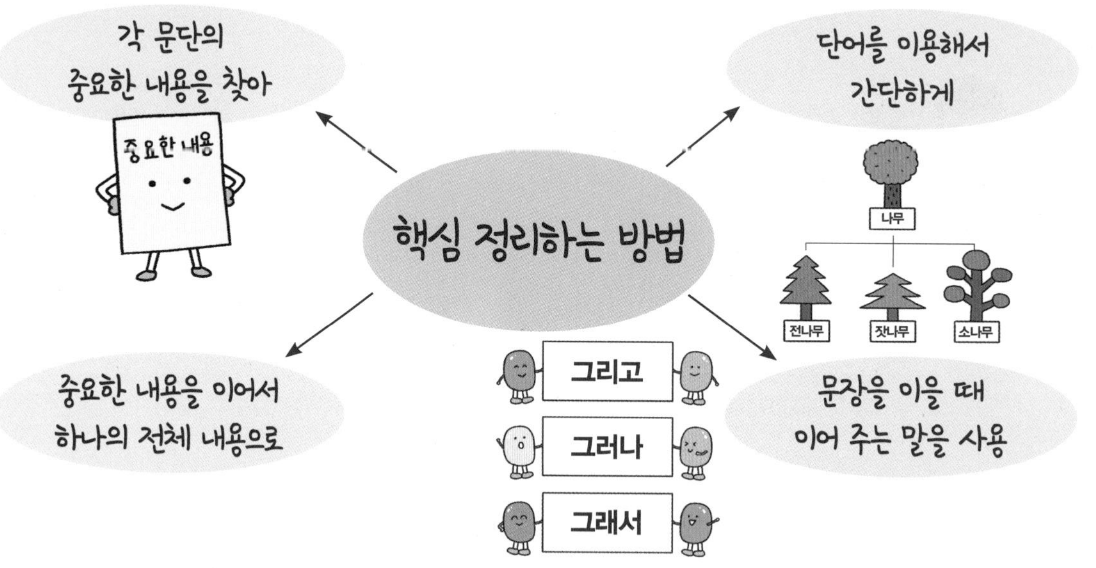

학습 기능 익히기

▨ 핵심 정리하기의 방법을 순서에 맞게 쓰세요.

> ㉠ 핵심 내용을 쓴다.
> ㉡ 주제와 관련된 어휘와 표현을 찾는다.
> ㉢ 주제와 관련된 어휘와 표현의 관계를 파악한다.

(　　　　) → (　　　　) → (　　　　)

학습 기능 더 익히기

▨ 다음을 읽고 핵심을 정리해 보세요.

'위기와 기회'에 대한 글을 읽고 핵심 어휘와 표현을 찾아 핵심 내용을 정리하려고 한다.

위기를 기회로

누구나 살면서 어려운 상황을 경험한다. 그런 상황을 만나면 우리는 어떻게 해야 할까?

어떤 사람들은 어려운 상황에서 부정적인 생각과 걱정만 하며 시간을 낭비하기도 한다. 반면에 어떤 사람들은 어려움을 어떻게 극복하면 좋을지를 생각하기도 하고 나아가 이런 상황을 기회로 만들려고 노력한다.

우리가 일상생활 속에서 흔히 사용하는 떼었다 붙였다 할 수 있는 메모지는 위기를 기회로 바꾼 대표적 예이다. 이 메모지는 강력 접착제를 만들던 연구원의 실수로 탄생했다. 절대 떨어지지 않는 접착제를 만들려고 하다가 오히려 접착력이 약하고 끈적이지 않는 물질을 개발한 것이다. 당시 회사는 이 연구원의 실수로 큰 피해를 입게 될 상황이었다. 연구원은 이 위기를 어떻게 극복할 수 있을지 고민한 끝에 떼었다 붙였다 할 수 있는 메모지를 만들었고, 회사는 위기를 극복한 것을 넘어 큰돈을 벌게 되었다.

이처럼 어떻게 대처하고 노력하느에 따라 어려운 상황이 성공의 기회가 되기도 한다.

1. 무엇에 대한 내용인지 쓰세요.

____

2. 핵심 어휘와 표현을 찾아 쓰세요.

____

3. 핵심 내용을 정리해 보세요.

____

8과 점검하기

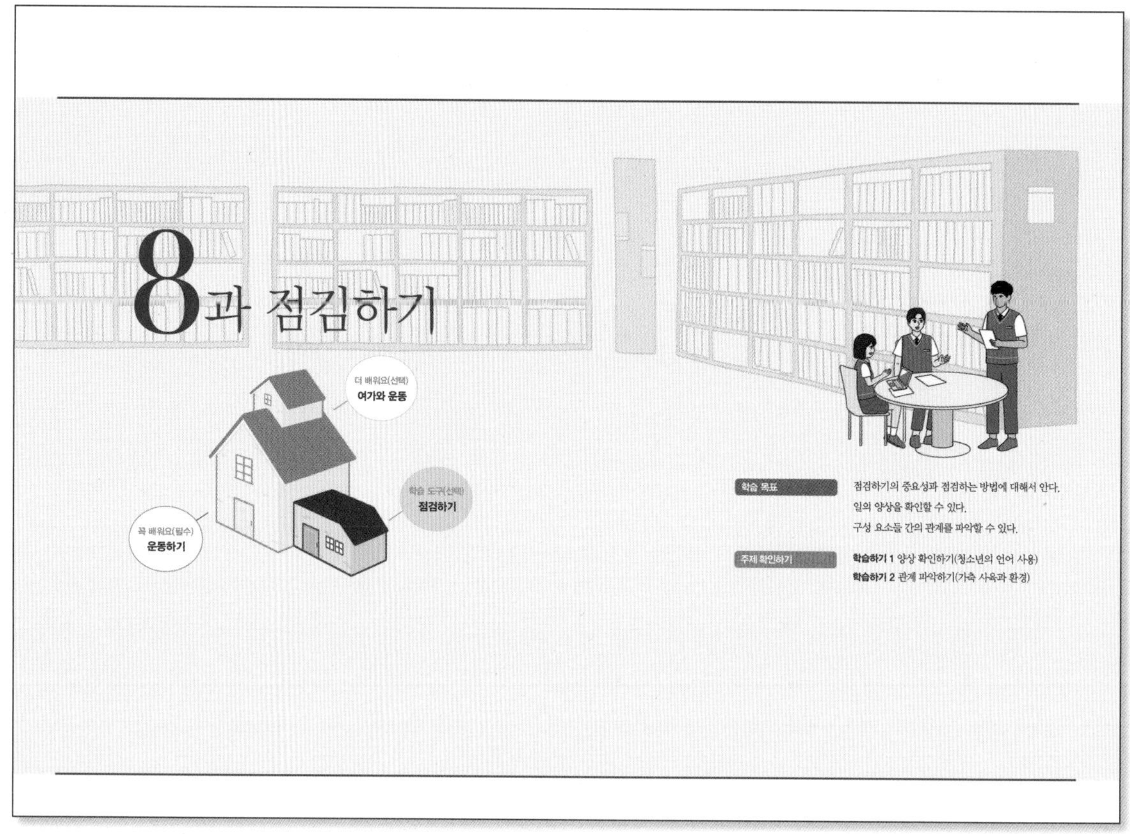

학습하기 1	학습 기능	점검하기에서 양상 확인하기 기능을 배운다. 양상 확인하기란 사물이나 현상의 모양이나 상태를 알아보는 것을 말한다.
	학습 도구 한국어 어휘 및 문법	바탕, 실태, 갈등, 유발하다, 요인, 비율
학습하기 2	학습 기능	점검하기에서 관계 파악하기 기능을 배운다. 관계 파악하기란 어떤 일(사건)이나 대상들이 서로 어떤 관계가 있는지, 어떤 영향을 주고받는지를 살피는 것을 말한다.
	학습 도구 한국어 어휘 및 문법	필연적, 실체, 기능적, 공존, 모순, 양, 생산하다, 발생하다, 영향

학습 도구 어휘 및 문법 확인하기

1. 다음 (　　　)에 알맞은 것을 고르세요.

(1) 전체 인구에서 노인 인구의 (　　　)이 점점 늘어나고 있다.

① 바탕　② 비율　③ 유형　④ 확률

(2) 이 도시에서는 과거와 현대의 문화가 (　　　) 것을 볼 수 있다.

① 공존하는　② 삭제되는　③ 요약되는　④ 증가하는

(3) 시험공부를 하지 않으면서 성적이 좋기를 바라는 것은 (　　　) 것이다.

① 구별된　② 모순된　③ 유발된　④ 형성된

2. 다음 밑줄 친 부분과 의미가 비슷한 것을 고르세요.

(1) 이 회사를 계속 다녀야 할지 말아야 할지 갈등하고 있다.

① 고민하고　② 조사하고　③ 주장하고　④ 탐구하고

(2) 지난 체육 대회에서 우리 반이 우승한 주요 원인은 협동이 잘됐기 때문이다.

① 영역　② 영향　③ 예상　④ 요인

3. 다음 밑줄 친 부분과 의미가 반대인 것을 고르세요.

(1) 사람이 태어나서 죽는 것은 반드시 일어나는 필연적인 일이다.

① 기능적인　② 우연적인　③ 일반적인　④ 효과적인

(2) 전 세계에서 자동차를 생산할 수 있는 기술을 가진 나라는 많지 않다.

① 대립할　② 발견할　③ 소비할　④ 파악할

학습 활동 확인하기

1. 점검하기에 대한 설명으로 알맞지 않은 것을 고르세요.

① 점검할 때는 꼭 점검표를 만들어야 한다.

② 점검 내용은 목표를 이용하여 작성해도 된다.

③ 점검표에는 보완 사항을 적는 공간이 있으면 좋다.

④ 점검하기는 일의 양상이나 대상의 상태를 확인하는 것이다.

2. 학습에서의 자기 점검하기에 대한 설명으로 맞으면 ○, 틀리면 ╳ 하세요.

(1) 학습에서도 자기 점검표를 이용하여 점검할 수 있다. (　　　)

(2) 학습에서의 점검하기는 아직 배우지 않은 내용을 확인하는 것이다. (　　　)

(3) 책의 차례를 보거나 생각 그물로 아는 것을 써 보면서 점검할 수 있다. (　　　)

알면 쓸모 있는 어휘

- **점검하다** 하나하나 빠짐없이 모두 다 검사하다.
- **살피다** 자세히 알아보거나 따져 보다.
- **사고** 어떤 것에 대하여 깊이 있게 생각함.
- **보완하다** 모자라거나 부족한 것을 보충하여 완전하게 하다.
- **항목** 규칙으로 정한 것 등의 각각의 부분.
- **생각 그물** 마음속에 지도를 그리듯이 줄거리를 이해하며 정리하는 방법.

학습 활동 더 알아보기

〈점검하기의 필요성〉

- 일의 양상이나 과정을 살피고 확인하는 점검하기의 과정을 통해 현재를 정확하게 파악하고 더 나은 미래를 위한 준비를 할 수 있다.

학습 점검표의 예

학습 점검표			
점검 내용	네	아니요	보완 사항
1. (국어) 책을 2쪽 이상 읽었는가?			
2. (수학) 5문제 이상 문제를 풀었는가?			
3. (영어) 새로운 단어를 10개 이상 외웠는가?			

글쓰기 점검표의 예

글쓰기 점검표			
점검 내용	네	아니요	보완 사항
주제를 잡기 위해 여러 생각을 했다.			
어떤 방식으로 글을 구성할지 고민했다.			
글의 개요를 작성했다.			
작성한 개요를 보고 글을 썼다.			
글을 쓴 다음에 수정하는 시간을 가졌다.			
글을 수정하는 과정에서 자신의 글을 다른 사람에게 보여 주었다.			
자신이 쓴 글이 만족스럽다.			

양상 확인하기 / 학습 기능 확인하기

양상 확인하기란?

사물이나 현상의 모양 또는 상태를 알아보는 것을 말한다. 양상 확인하기를 통해 어떤 대상의 모습이나 일의 상태를 정확히 이해할 수 있으며 점검표를 활용하면 좀 더 분명하게 양상을 확인할 수 있다.

〈양상〉

양상을 확인하면 판단을 확실하게 할 수 있다. 양상은 필연적인가, 우연적인가, 가능한가, 불가능한가, 현실적인가, 비현실적인가로 나눌 수 있다.

학습 기능 익히기

▨ 다음 글에서 〈보기〉의 문장이 들어가기에 가장 알맞은 곳을 고르세요.

> 한 남자가 출발하려는 기차에 급하게 오르고 있었다. (㉠) 그러다가 신발 한 짝을 떨어뜨렸다. 신발을 줍고 싶었지만 기차가 이미 출발해서 주울 수 없었다. (㉡) 왜냐하면 신발은 한 짝만 있을 때는 아무런 가치가 없기 때문이다. (㉢) 이렇게 신발 두 짝이 떨어져 있으면 누군가 그것을 주워서 신을 수 있다고 생각해 그렇게 한 것이다.(㉣)

〈보기〉

그러자 그 남자는 다른 쪽 신발을 벗어 던졌다.

① ㉠ ② ㉡ ③ ㉢ ④ ㉣

글의 양상을 확인하면, 신발 한 짝을 떨어뜨렸고, 그다음에 다른 쪽 신발도 벗어 던졌으니까 ＿＿＿＿＿＿이 답이겠구나.

학습 기능 더 익히기

▨ 다음을 읽고 양상을 확인해 보세요.

방학에 가족과 함께 참여할 체험을 찾고 있는데 비슷비슷한 활동이 많다. 신문을 읽으면서 체험 활동의 양상을 파악해 보려고 한다.

〈체험 활동 목록〉

- **숲 체험:** 체험, 학습을 통해 숲의 다양한 기능을 배우고 숲의 중요성을 배우는 활동
- **템플 스테이:** 절에서 지내면서 불교 문화를 체험하는 활동
- **딸기 농장 체험:** 딸기를 직접 따 보고 딸기로 요리를 만들어 보는 활동

한국신문
Issue: 240104
THE WORLDS BEST SELLING NATIONAL NEWSPAPER
First Edition
Est - 1965
Monday 5th June

요즘은 휴가 때 여행을 가기보다 온천, 휴양림 등에서 휴식을 취하는 사람들이 많아지고 있다. 느리게 사는 문화를 즐기며 쉴 수 있는 슬로 시티(slow city)도 생겼다. 2000년에는 몸과 마음의 건강을 통해 행복하게 살려고 하는 '참살이'가 유행했다.

1. 요즘 어떤 체험 활동이 많아요? 체험 활동의 양상에 대해 쓰세요.

2. 왜 이런 양상이 나타났을까요?

관계 파악하기 / 학습 기능 확인하기

관계 파악하기란?

어떤 일(사건)이나 대상들이 서로 어떤 관계가 있는지, 어떤 영향을 주고받는지를 살피는 것을 말한다. 어떤 대상들 사이의 관계를 파악해 두면 서로 어떤 영향을 주고받는지 알 수 있다.

〈관계의 유형 예〉

- **인과 관계:** 어제 비를 맞아서 감기에 걸렸다.
- **공존 관계:** 현대 사회에서는 대가족, 핵가족 등 다양한 가족의 형태가 함께 존재한다.
- **대립 관계:** 내일 학급 회의를 하는 것에 대해 찬성과 반대 의견이 있다.
- **유사 관계:** 어린이와 아이는 비슷한 의미의 어휘이다.
- **모순 관계:** 모든 것을 찌를 수 있는 창이 있다. 동시에 모든 것을 막을 수 있는 방패도 있다.
- **상하 관계:** 상의어가 과일일 때 하의어는 사과, 수박, 딸기가 된다.

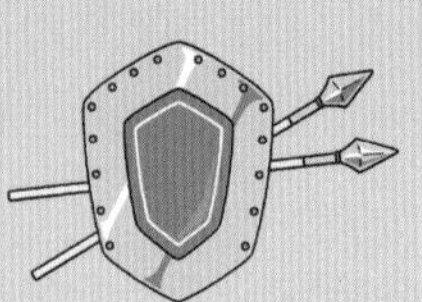

학습 기능 익히기

▨ 다음을 읽고 무슨 관계인지 맞는 것을 고르세요.

가축을 키우는 것과 물 부족 현상이 관계가 있다. 왜냐하면 가축을 사육할 때는 많은 양의 물이 필요하기 때문이다. 가축이 먹을 사료를 재배하는 데도 물이 많이 사용된다. 쌀 1kg을 생산하는 데는 물 300L가 필요하지만 소고기 1kg을 생산하기 위해서는 물 1만 5,500L가 필요하다. 그래서 가축을 많이 키우면 물 부족 현상이 발생한다. 즉, 가축을 키우는 것이 물 부족 현상의 원인 중 하나인 것이다.

① 공존 관계　② 대립 관계

③ 상하 관계　④ 인과 관계

학습 기능 더 익히기

▨ 다음을 읽고 '과학 기술의 발달과 생활'의 관계의 유형을 〈보기〉에서 찾아 쓰세요.

내일 사회 시간에 배울 '정보화 사회'에 대해 미리 예습을 하고 있다. 그런데 오늘 과학 시간에 배운 내용과 비슷한 부분이 있다. 과학 기술의 발달과 생활이 무슨 관계가 있는지 찾아보려고 한다.

1

오늘날 우리는 교통수단의 발달로 먼 거리를 빠르게 이동할 수 있고, 통신 수단의 발달로 먼 곳과 정보를 교환할 수 있다. 특히 정보 통신 기술의 발달로 인터넷이 생기면서 많은 양의 정보를 시간, 거리와 관계없이 주고받을 수 있게 되었다.

〈보기〉

㉠ 상하 관계 ㉡ 유사 관계 ㉢ 인과 관계

2

인터넷을 통해 어디에서나 서로 의견을 교환할 수 있고, 원하는 물건을 빠르게 구입할 수 있다는 장점이 있다. 하지만 인터넷 중독으로 일상에서 어려움을 겪는 사람들이 늘어나고 있으며, 개인적인 정보가 인터넷에 쉽게 드러나는 문제도 있다.

〈보기〉

㉠ 공존 관계 ㉡ 대립 관계 ㉢ 모순 관계

9과 문제 풀기

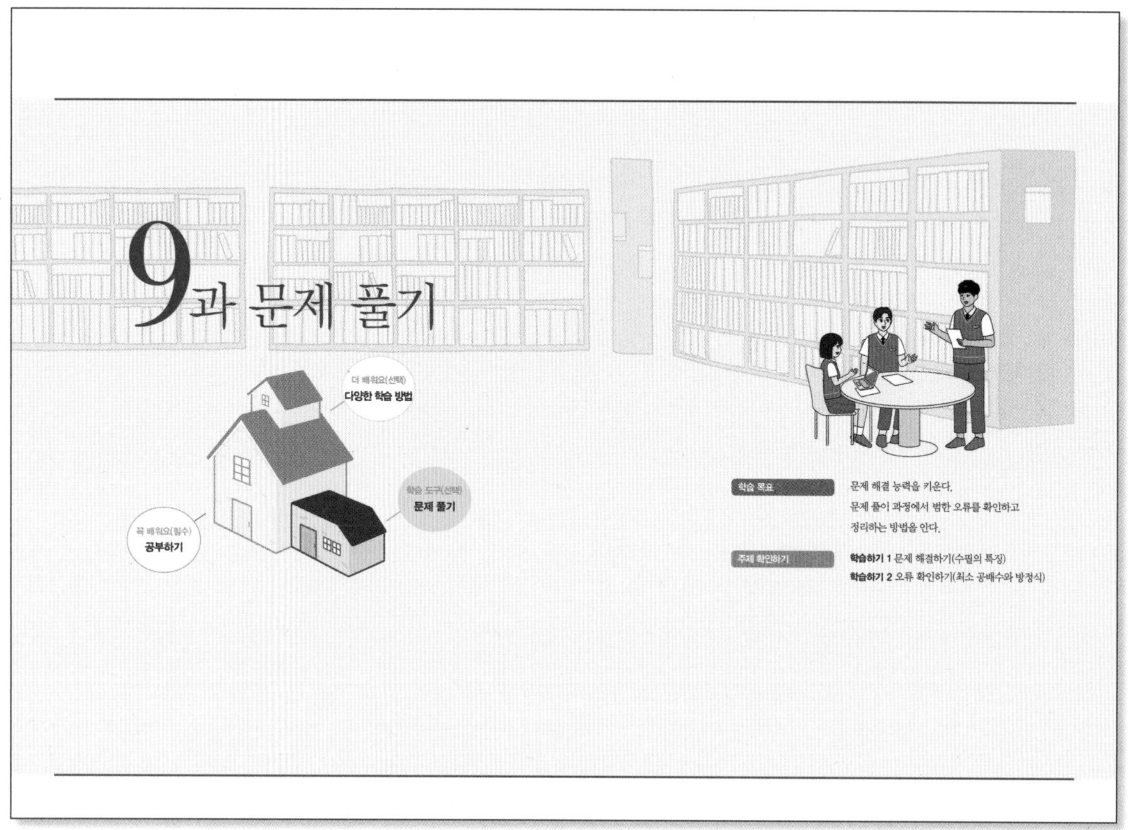

학습하기 1	**학습 기능**	문제 풀기에서 문제 해결하기 기능을 배운다. 문제 해결하기란 문제의 원인을 밝히고 그 원인을 근거 삼아 해결 방안을 제시하는 것을 말한다.
	학습 도구 한국어 어휘 및 문법	방안, 적절하다, 형식, 드러나다, 현실, 반영하다, 소재, 가치관, 독특하다, 관점, -을 법하다
학습하기 2	**학습 기능**	문제 풀기에서 오류 확인하기 기능을 배운다. 오류 확인하기란 어떤 것의 과정이나 결과에서 틀렸거나 잘못된 점을 찾아내고 그에 대해서 분석해 보는 것을 말한다.
	학습 도구 한국어 어휘 및 문법	오류, 분배하다, 최소, 공식, 접근하다

학습 도구 어휘 및 문법 확인하기

1. 다음 (　　　)에 알맞은 것을 고르세요.

(1) 정부는 환경 오염 문제를 해결할 (　　　)을 찾고 있는 중이다.

① 방안　② 설정　③ 초점　④ 현황

(2) 세계 여행을 다녀온 후 삶에 대한 (　　　)이/가 크게 바뀌었다.

① 공식　② 소재　③ 가치관　④ 완성도

(3) 글을 쓴 후에는 (　　　)이/가 없이 잘 썼는지 다시 확인하는 과정이 필요하다.

① 관점　② 물질　③ 오류　④ 형식

2. '-을/ㄹ 법하다'를 사용하여 〈보기〉와 같이 문장을 완성하세요.

〈보기〉

치킨은 아이들이라면 누구나 좋아할 법한 간식이다. (좋아하다)

(1) 사진 속 언덕 위에는 동화에서나 ____________ 예쁜 집이 있었다. (나오다)

(2) 대전은 전국 어디에서라도 쉽게 ____________ 적당한 거리에 있다. (갈 수 있다)

3. 다음 밑줄 친 부분과 의미가 비슷한 것을 고르세요.

(1) 한국의 가을은 날씨가 맑고 선선해서 여행하기에 알맞은 계절이다.

① 건조한　② 신기한　③ 적절한　④ 활발한

(2) 이 채소는 맛이 독특해서 좋아하는 사람과 싫어하는 사람이 확실히 나뉜다.

① 명확해서　② 일정해서　③ 친숙해서　④ 특이해서

학습 활동 확인하기

▨ 다음은 교과목과 효율적인 공부 방법에 대한 설명입니다. 빈칸에 알맞은 것을 쓰세요.

단락　　공식　　용어　　탐구 활동

(1) 사회는 (　　　　　)의 개념을 명확히 알고 암기해야 한다.

(2) 과학은 (　　　　　)와/과 이미지를 통해 개념을 익히는 것이 효율적이다.

(3) 국어는 본문에서 글의 종류와 주제, (　　　　　)의 중심 문장을 파악해야 한다.

(4) 수학 (　　　　　)을/를 외울 때는 단순히 암기하지 말고 그것이 나오기까지의 과정을 이해하는 것이 중요하다.

알면 쓸모 있는 어휘

- **길잡이** 나아갈 방향을 가리켜 주거나 목적을 이룰 수 있도록 이끌어 주는 것.
- **단락** 글, 영화, 음악 등에서 같은 내용으로 묶인 하나하나의 짧은 이야기 부분.
- **범주** 같은 성질을 가진 부류나 범위.
- **본문** 문서나 긴 글에서 중심이 되는 글.
- **속하다** 어떤 것에 관계되어 그 범위 안에 들다.
- **정답** 어떤 문제나 질문에 대한 옳은 답.

학습 활동 더 알아보기

〈문제 풀기〉

- 모든 교과에는 학습한 내용에 대한 문제가 나와 있는데, 이러한 문제를 해결하는 과정을 문제 풀기라고 한다.

〈문제 풀기의 기본〉

- 문제의 뜻을 정확하게 파악하기
- 문제가 요구하는 학습 이론에 대해 명확하게 이해하기
- 각 교과 수업 시간에 집중하기

〈여러 가지 문제 유형과 표현 방식〉

- 수업 시간 또는 시험에서 접할 수 있는 문제에는 다양한 유형들이 있는데 그중 대표적인 유형으로는 맞는 것을 고르는 문제, 틀린 것을 고르는 문제, 정답이 여러 개인 문제 등이 있다.
- 각 문제 유형에서 사용하는 대표적인 표현들은 다음과 같다.

맞는 것을 고르는 문제 유형

- ~ 알맞은 것을 고르시오.
- ~ 바람직한 것은?
- ~ 옳은 것은?
- ~ 가장 가까운 것은?

틀린 것을 고르는 문제 유형

- ~ 틀린 것을 고르시오.
- ~ 바르지 않은 것은?
- ~ 알맞지 않은 것은?
- ~ 적절하지 않은 것은?
- ~ 일치하지 않는 것은?

정답이 여러 개인 문제 유형

- ~ 모두 고르시오.
- ~ 2가지 고르시오.
- ~ 2개 이상 고르시오.

문제 해결하기 | 학습 기능 확인하기

문제 해결하기란?

문제의 원인을 밝히고 그 원인을 근거 삼아 해결 방안을 제시하는 것을 말한다. 문제를 해결하기 위해서는 우선 문제에서 묻고 있는 것이 무엇인지 파악해야 한다.

〈문제 해결 과정〉

● **문제 해결은 일반적으로 아래와 같은 단계로 이루어진다.**

① 문제점을 파악한다.
② 문제 해결을 위한 방법을 찾는다.
③ 구체적인 계획을 세운다.
④ 계획을 실행한다.
⑤ 문제가 제대로 해결되었는지 확인한다.

학습 기능 익히기

▨ 수필에 대한 설명으로 알맞은 것을 고르세요.

수필의 종류

수필은 형식에 따라 '생활 수필, 서간 수필, 기행 수필, 관찰 수필, 일기 수필, 비평 수필, 명상 수필'로 나뉘고 내용에 따라 '경수필'과 '중수필'로 나뉜다.

- 경수필: 가볍고 부드러운 내용의 수필. 사적이고 친밀한 내용이 주를 이룬다.
- 중수필: 무겁고 딱딱한 내용의 수필. 사회적이고 비판적인 내용이 주를 이룬다.

① 중수필의 내용은 무겁지 않고 부드러운 느낌이다.

② 경수필은 친근하고 개인적인 내용을 주로 다룬다.

③ 수필은 형식에 따라 '경수필'과 '중수필'로 구분한다.

④ 수필은 내용에 따라 생활 수필, 서간 수필, 기행 수필, 관찰 수필 등으로 나눌 수 있다.

▨ 다음을 보고 문제를 해결할 수 있는 방안을 써 보세요.

사회 시간에 '현대 사회의 도시 문제'와 관련된 그림을 보고 친구들과 함께 어떤 문제가 있는지 이야기해 보는 협동 학습을 하려고 한다.

	도시 문제	원인 분석	해결 방안
가	환경 오염		
나	교통 체증		

오류 확인하기 / 학습 기능 확인하기

오류 확인하기란?

어떤 것의 과정이나 결과에서 틀렸거나 잘못된 점을 찾아내고 그에 대해서 분석해 보는 것을 말한다. 문제를 왜 틀렸는지 알면 자신의 부족한 부분을 파악할 수 있으므로 다음에 비슷한 문제가 나왔을 때 틀리지 않게 된다.

〈오답 노트 정리 방법〉

- 단원별로 구분하여 오답을 정리하면 자신의 취약한 부분을 파악할 수 있다.
- 도표, 그래프, 그림 자료가 제시된 문제의 경우 제대로 이해했는지 확인하기 위해 해석한 내용을 적어 본다.
- 틀린 문제의 개념을 교과서에서 찾아 자신만의 방법으로 다시 정리하고 필요한 경우 암기한다.
- 틀린 문제에 모르는 용어가 많은 경우 어휘 목록을 만들고 암기한다.

학습 기능 익히기

▨ 수학 과목에서 오답 노트를 쓰는 과정을 알맞은 순서대로 쓰세요.

㉠ 풀이 과정 쓰기	㉡ 틀린 이유 쓰기
㉢ 틀린 문제 쓰기	㉣ 문제에 대한 나의 생각 쓰기

(　　　　) → (　　　　) → (　　　　) → (　　　　)

학습 기능 더 익히기

▨ 다음 설명을 읽고 문제를 틀린 이유를 찾고 나의 생각을 써 보세요.

과학 시험에서 틀린 문제를 선생님의 설명을 들은 후 다시 풀려고 한다. 선생님의 설명을 잘 읽고 문제를 왜 틀렸는지 써 볼 것이다.

틀린 문제 그림은 (가), (나) 두 지역에 살고 있는 생물입니다. 두 그림에 대한 설명으로 옳은 것을 보기에서 고르시오.

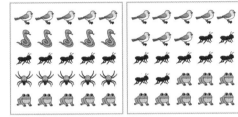

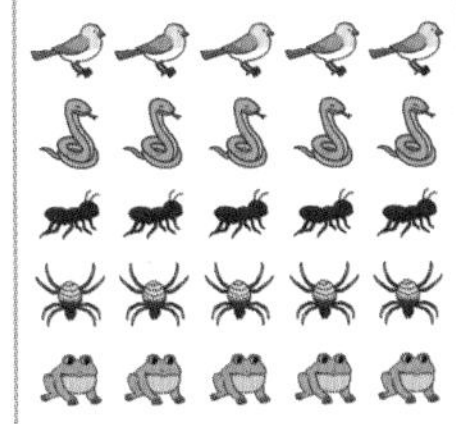

(가) (나)

㉠ (나)는 (가)보다 개체 수가 적다.

㉡ (가)는 (나)보다 생물 다양성이 크다.

㉢ (가)와 (나)에는 모두 25종의 생물이 살고 있다.

정답: ㉡

과학에서 '개체'란 독립된 하나의 생물체를 말해요. '생물 다양성'은 말 그대로 생물이 얼마나 다양한가를 말하죠. 그리고 '종'은 생물을 분류할 때 가장 기본이 되는 단위로, 개체 사이에서 교배가 가능한 하나의 무리를 말해요.

틀린 이유

☑ 개념 이해 부족 ☐ 문제 이해 부족 ☐ 단순 실수

나의 생각

10과 발표하기

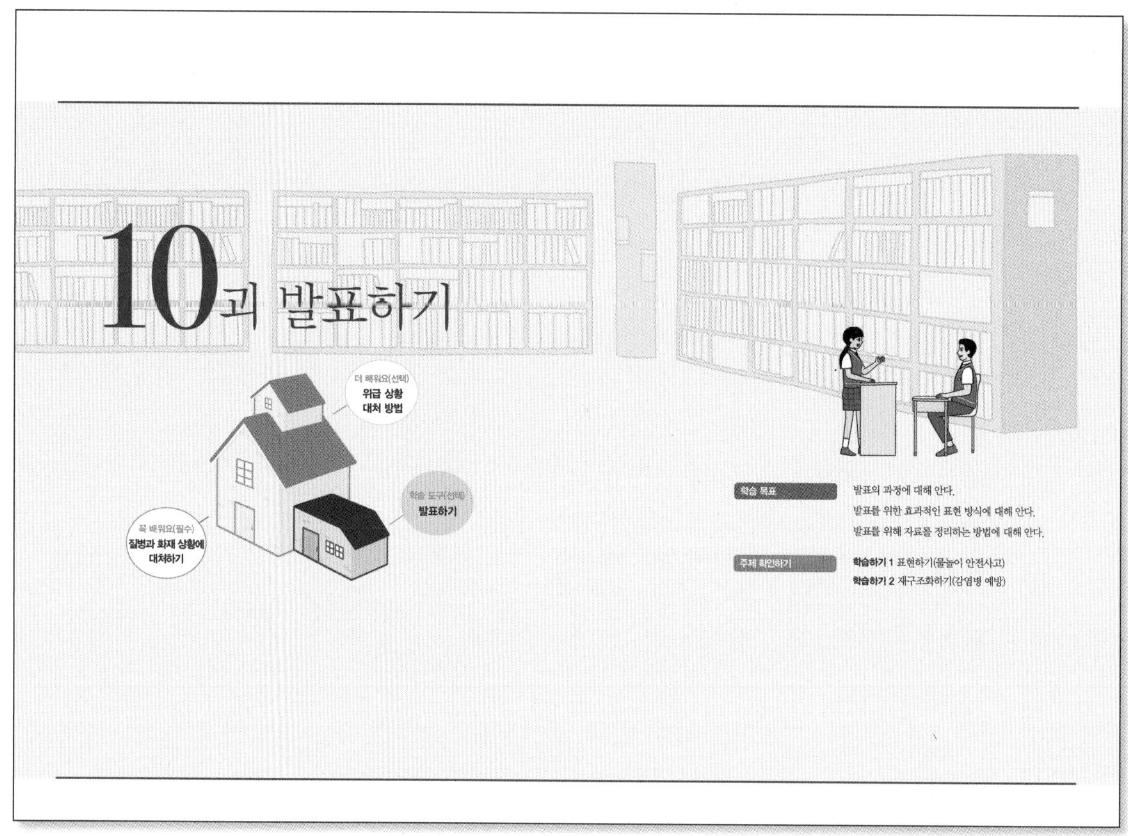

학습하기 1	학습 기능	발표하기에서 표현하기 기능을 배운다. 표현하기란 정보를 전달할 때 중요한 내용들이 어떻게 관련되어 있는지를 보여 주기 위해 시각적, 언어적, 상징적 표현 형태를 취하는 것을 말한다.
	학습 도구 한국어 어휘 및 문법	시기, 미만, 다수, 필수, 차지하다, -음
학습하기 2	학습 기능	발표하기에서 재구조화하기 기능을 배운다. 재구조화하기란 정보들을 통합하기 위해 기존의 지식 구조를 변화시키는 것을 말한다.
	학습 도구 한국어 어휘 및 문법	통합하다, 구조, 경로, 접촉하다, 분리하다, 탁월하다, 성분, 각종, 해당, 으로써

학습 도구 어휘 및 문법 확인하기

1. 다음 (   )에 알맞은 것을 고르세요.

(1) 이 방은 (   ) 전자제품으로 가득 차 있다.

① 각종 ② 구성 ③ 조직 ④ 집단

(2) 신청자가 10명 (   )일 경우 수업이 열리지 않는다.

① 미만 ② 범위 ③ 비율 ④ 확률

(3) 여러 (   )를 통해 수집한 정보를 반 친구들과 나눠서 정리했다.

① 경로 ② 기호 ③ 목표 ④ 실제

2. '-음/ㅁ으로써'를 사용하여 〈보기〉와 같이 문장을 완성하세요.

〈보기〉

저희는 사용자가 주의 사항을 지키지 않음으로써 발생하는 피해에 대해서는 책임을 지지 않습니다. (지키지 않다)

(1) 책을 ______________ 얻게 되는 지식은 깊고 다양하다. (읽다)

(2) 휴대 전화가 ______________ 언제 어디서나 연락을 주고받을 수 있게 되었다. (개발되다)

3. 다음 밑줄 친 부분과 의미가 비슷한 것을 고르세요.

(1) 당분간은 쉬면서 적당한 때를 기다리는 것이 좋을 것 같다.

① 공식 ② 시기 ③ 인물 ④ 현실

(2) 민우는 글을 쓸 때 소재를 선택하는 능력이 정말 뛰어나다.

① 독특하다 ② 뚜렷하다 ③ 솔직하다 ④ 탁월하다

학습 활동 확인하기

1. 발표의 과정을 순서에 맞게 쓰세요.

㉠ 발표하기	㉡ 개요 작성하기
㉢ 자료 선정하기	㉣ 발표문 작성하기
㉤ 발표 자료 만들기	㉥ 발표 주제 선정하기
㉦ 발표 상황과 목적 파악하기	

㉦ → (　　　) → (　　　) → (　　　) → ㉣ → (　　　) → (　　　)

2. 발표 태도에 대한 설명으로 맞으면 ○, 틀리면 × 하세요.

(1) 발표를 시작할 때는 정중하게 인사한다. (　　　)

(2) 발표를 할 때는 자신 있는 목소리로 말한다. (　　　)

(3) 발표를 할 때 듣는 사람과 눈을 마주치지 않는 것이 좋다. (　　　)

알면 쓸모 있는 어휘

- **개요** 전체 내용 중에서 주요 내용을 뽑아 간단하고 짧게 정리한 것.
- **마주치다** 서로 똑바로 부딪치거나 만나다.
- **시청각** 눈으로 보는 감각과 귀로 듣는 감각.
- **연령** 사람이 살아온 해의 수.
- **정중하다** 태도나 분위기가 무게 있고 점잖다.
- **청중** 강연이나 음악 등을 듣기 위하여 모인 사람들.

학습 활동 더 알아보기

〈발표문 작성하기의 몇 가지 요령〉

■ **시작하는 말**

-발표하려는 주제나 제목을 넣는다.

-듣는 사람의 주의를 집중시킬 수 있는 내용을 넣는다.

■ **끝맺는 말**

-발표한 내용을 간단하게 정리한다.

-발표를 준비하며 느낀 점이나 함께 생각하면 좋은 내용을 넣는다.

■ **자료를 설명하는 말**

-자료의 핵심 내용이 들어가야 한다.

-자료를 가져온 곳(출처)을 반드시 밝혀야 한다.

〈공식적인 말하기 상황에서 주의할 점〉

■ **말하는 사람**

-큰 소리로 또박또박 말한다.

-높임 표현을 사용해야 한다.

-듣는 사람이 이해하기 쉽게 다양한 자료를 활용한다.

■ **듣는 사람**

-집중해서 듣는다.

-발표를 잘 듣고 있다는 적당한 호응을 한다.

-이해되지 않는 부분이나 더 알고 싶은 부분은 정리해 두었다가 질문을 한다.

표현하기 학습 기능 확인하기

표현하기란?

정보를 전달할 때 중요한 내용들이 어떻게 관련되어 있는지를 보여 주기 위해 시각적, 언어적, 상징적 표현 형태를 취하는 것을 말한다. 표현하기를 잘하면 상대방에게 내용을 더 명확하게 전달할 수 있다.

〈보고서에서 표현할 때 주의할 점〉

- 첫째, 보고서에 삽입할 그림들은 단순하고 명확해야 한다. 그렇기 때문에 눈금 선이나 테두리, 배경 무늬, 3차원 등의 효과는 주의를 산만하게 할 수 있어 사용을 피해야 한다.
- 둘째, 그림이나 그래프를 사용할 때는 보고서에 인용한 순서에 따라 그림 번호를 붙여 준다.
- 셋째, 표 역시 그림과 같이 차례대로 번호를 붙여 준다. 그림의 번호와 섞어서 번호를 쓰면 안 된다.

학습 기능 익히기

▨ 다음의 내용을 전달하는 방법으로 알맞은 것을 골라 연결하세요.

'신재생 에너지'를 주제로 발표를 준비하고 있다. 발표를 하기 위해 수집한 정보들을 어떤 방법을 사용하여 표현하면 효과적으로 전달할 수 있을지 생각해 보고 그 이유를 말해 보자.

(1) 신재생 에너지의 의미	●	●	그림으로 표현
(2) 신재생 에너지 발전소의 모습	●	●	글로 표현
(3) 한국 신재생 에너지의 지역별 사용 현황	●	●	그래프로 표현

학습 기능 더 익히기

▨ 다음을 표나 그래프로 표현해 보세요.

'대한민국 기후의 특징'이라는 주제로 보고서를 작성하고 있다. 다음은 한국의 강수 특징에 대해 작성한 글인데 한눈에 알아볼 수 있게 표나 그래프로 다시 표현하려고 한다.

······전략······

한국의 강수 특징 중 하나는 특정한 계절에 강수량이 집중된다는 점이다. 수도인 서울을 기준으로 20**년의 월별 강수량은 1월이 14.9㎜, 2월이 11.1㎜, 3월이 7.9㎜, 4월이 61.6㎜, 5월이 16.1㎜, 6월이 66.6㎜, 7월이 621.0㎜, 8월이 297.0㎜, 9월이 35.0㎜, 10월이 26.5㎜, 11월이 4.07㎜, 12월이 34.8㎜이다. 이것을 정리해 보면 다음과 같다.

〈20**년도 서울의 월별 강수량〉

······후략······

재구조화하기 학습 기능 확인하기

재구조화하기란?

정보들을 통합하기 위해 기존의 지식 구조를 변화시키는 것을 말한다. 학교에서 발표를 하거나 글을 쓸 때 목적이나 주제에 맞는 정보를 수집하고, 수집한 정보들 사이의 연관성을 파악한 후 재구조화하는 것이 중요하다.

〈자료의 신뢰성 확인하기〉

재구조화를 통해 새로운 정보를 만들어 낼 때는 재구조화에 사용되는 기존 정보가 믿을 만한 것인지 먼저 확인한다.

학습 기능 익히기

▨ 다음은 어떤 자료들을 재구조화하여 쓴 글입니다. 아래의 글을 쓰기 위해 사용한 자료를 모두 고르세요.

생태 도시란 인간과 자연이 조화를 이루는 친환경 도시를 말하는데, 한국의 대표적인 생태 도시로는 순천만으로 유명한 전라남도의 순천시가 있다.

자료 1
〈생태 도시〉
- 인간 · 자연이 도우며 함께 살아감.
- 에너지 자원이 절약될 수 있는 친환경적인 도시

자료 2
〈생태 도시의 종류〉
- 생물 다양성 생태 도시
- 자연 순환성 생태 도시
- 지속 가능성 생태 도시

자료 3
〈전라남도 순천시〉
- 우리나라의 대표적인 생태 도시
- 람사르 협약에 등록된 순천만이 유명함.

자료 4
생태 도시는 오늘날 심각해진 도시 문제와 환경 문제를 해결하기 위한 방안으로 주목 받고 있음.

다음을 읽고 재구조화해 보세요.

사회 시간에 배운 현대 사회의 문제에 대해 복습을 하면서 관심 있는 문제 중 하나인 유기 동물 문제와 관련하여 자료를 찾아보았다. 자료를 활용하여 유기 동물이 자주 발생하는 시기가 언제인지, 그 이유가 무엇인지에 대해 정리하려고 한다.

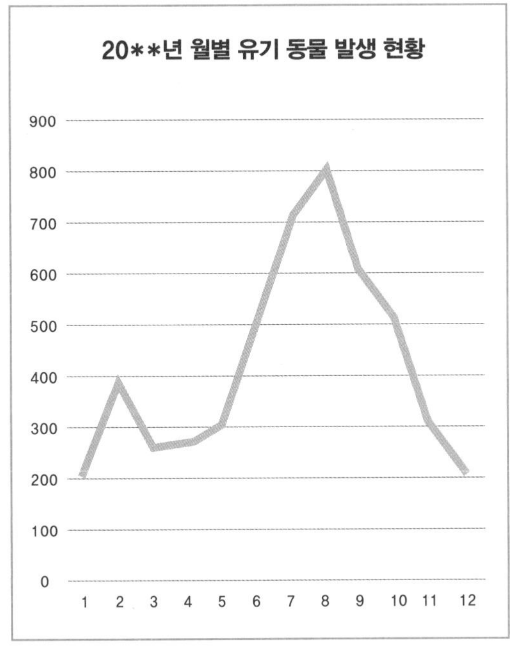

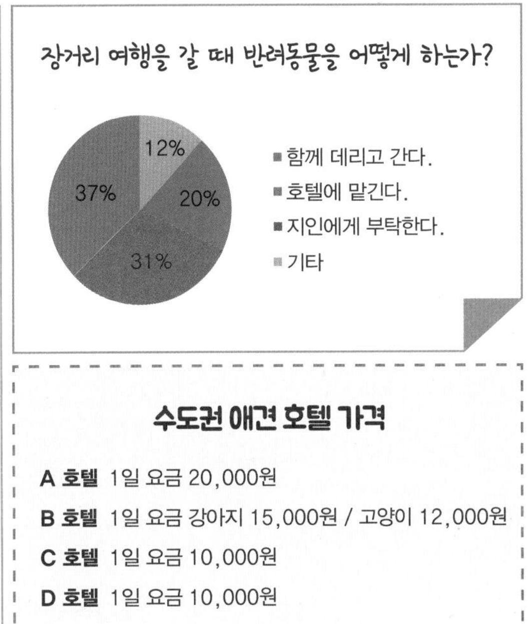

수도권 애견 호텔 가격

A 호텔 1일 요금 20,000원
B 호텔 1일 요금 강아지 15,000원 / 고양이 12,000원
C 호텔 1일 요금 10,000원
D 호텔 1일 요금 10,000원

1. 유기 동물이 자주 발생하는 시기는 언제입니까?

____

2. 왜 그 시기에 유기 동물이 자주 발생합니까?

____

____

11과 토론하기

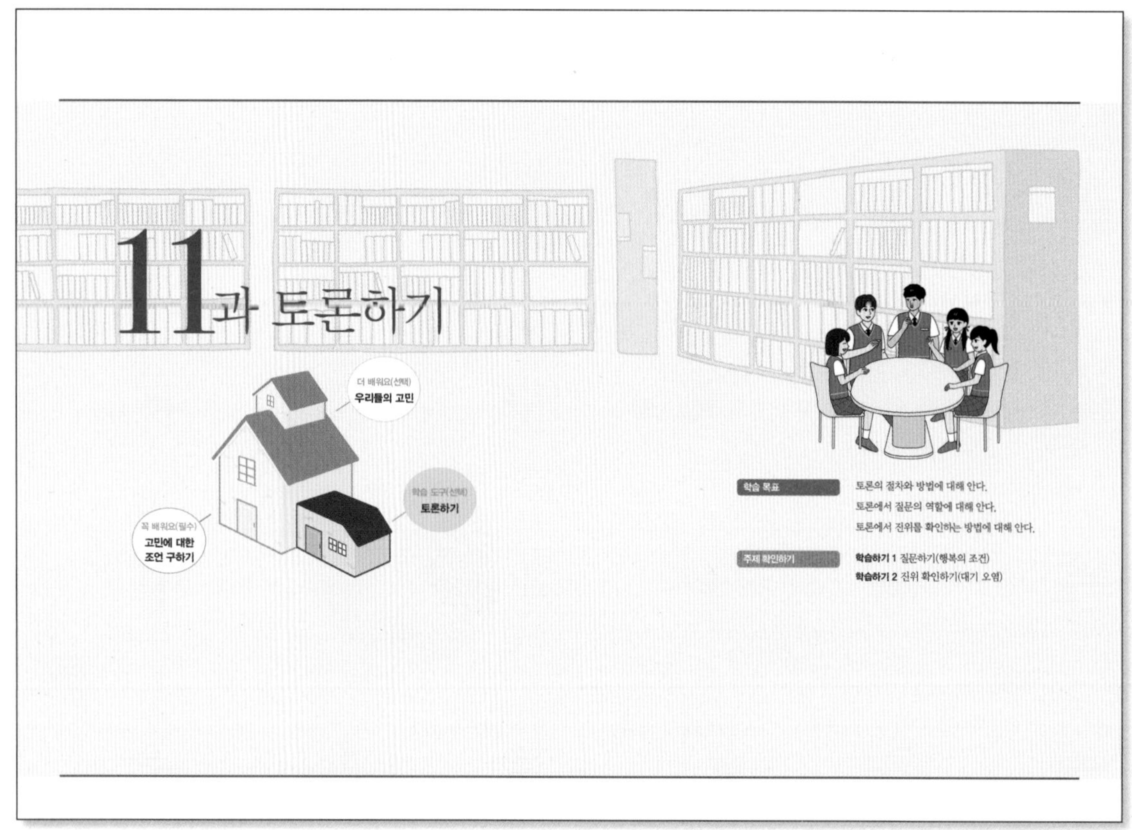

학습하기 1	**학습 기능**	토론하기에서 질문하기 기능을 배운다. 질문하기란 어떤 내용에 대해 모르거나 알고 있던 사실과 다를 때 묻는 것을 말한다. 또한 해당 내용에 대해 다시 확인할 필요가 있을 때 묻는 것을 말한다.
	학습 도구 한국어 어휘 및 문법	정책, 지원, 충족, 추구하다, 절대적, 극복하다, 성장, 지표, 인식하다, 운영, 적극적, 적용되다, 타당성

학습하기 2	**학습 기능**	토론하기에서 진위 확인하기 기능을 배운다. 진위 확인하기란 어떤 내용이 참인지 거짓인지를 확인함으로써 의견이나 주장의 진실 여부를 밝히는 것을 말한다.
	학습 도구 한국어 어휘 및 문법	시도되다, 도입하다, 지적하다, 반론, 반박하다, 통계, 신뢰성, 설치하다, 획기적, 매체, 제도, 제한하다, 시행되다, 고찰하다, 시점, 실정, 개발하다

학습 도구 어휘 및 문법 확인하기

1. 다음 (   )에 알맞은 것을 고르세요.

(1) 선생님께서는 시험 시간을 한 시간으로 (   ).

① 제한하셨다 ② 지원하셨다 ③ 추구하셨다 ④ 파악하셨다

(2) 정부는 가구 소득 증대를 위한 새로운 (   )을 발표하였다.

① 갈등 ② 개발 ③ 요인 ④ 정책

(3) 주5일제 (   ) 이후 평일에 여행을 떠나는 사람들이 크게 늘어났다.

① 분배 ② 설치 ③ 시행 ④ 유발

2. 다음 밑줄 친 부분과 의미가 비슷한 것을 고르세요.

(1) 인간은 누구나 자신의 한계를 <u>극복하고</u> 싶어한다.

① 내세우고 ② 뛰어넘고 ③ 올려놓고 ④ 지나치고

(2) 민우는 상대 팀의 주장에 대해 근거를 들어 <u>반론을 제기하기</u> 시작했다.

① 공유하기 ② 반박하기 ③ 분류하기 ④ 요약하기

3. 다음 밑줄 친 부분과 의미가 반대인 것을 고르세요.

(1) 물질적으로 <u>충족한</u> 생활을 한다고 해서 꼭 행복한 것은 아니다.

① 발전한 ② 부족한 ③ 적절한 ④ 충분한

(2) 유미는 누가 시키지 않아도 무슨 일이든지 <u>적극적</u>으로 참여한다.

① 능동적 ② 대표적 ③ 소극적 ④ 합리적

학습 활동 확인하기

1. 토론에서 다음의 역할을 하는 사람이 누구인지 고르세요.

토론에서 토론 주제를 소개하거나 순서, 시간, 규칙 등을 안내하는 사람

☐ 토론자 ☐ 사회자 ☐ 청중

2. 토론의 자세로 맞으면 ○, 틀리면 X 하세요.

(1) 반론은 공격적인 말투로 하는 것이 좋다. (   )

(2) 사회자는 토론자에게 질문을 많이 할 필요가 있다. (   )

(3) 사회자는 토론자의 발언을 요약하면서 토론을 진행해야 한다. (   )

알면 쓸모 있는 어휘

- **공격하다** 다른 사람을 비난하거나 다른 의견에 반대하며 나서다.
- **공평하다** 한쪽으로 치우치지 않고 모든 사람에게 고르다.
- **끼어들다** 다른 사람의 자리나 순서 등에 비집고 들어서다.
- **말투** 말을 하는 버릇이나 형식.
- **발언** 말을 하여 의견을 나타냄. 또는 그 말.
- **비꼬다** 상대방의 기분이 나쁘게 비웃는 태도로 말하다.

토론의 원칙(4대 원칙)

1 추정의 원칙: 현 상황에 대해 분명히 반대할 만한 증거가 없을 때는 현재의 제도나 가치관이 올바르다고 보는 원칙. 따라서 토론에서는 현재의 상황에 대해 부정하는 측이 문제를 제기하고 그 타당성을 증명해야 한다.

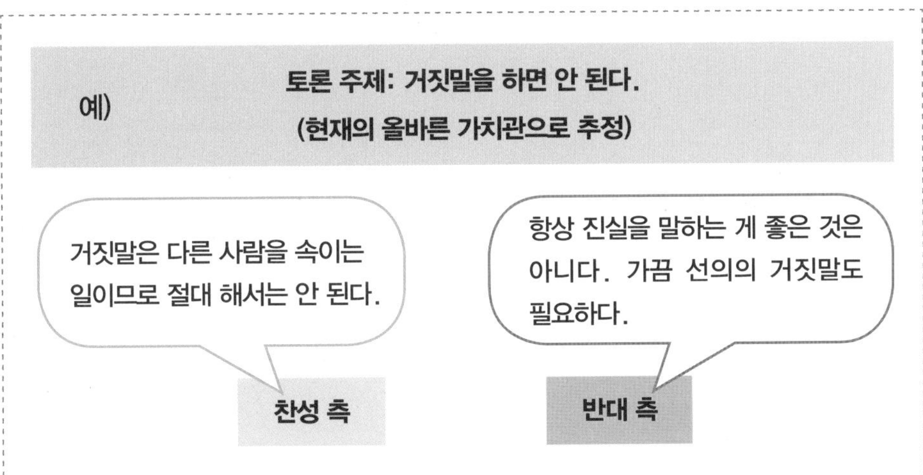

예)
토론 주제: 거짓말을 하면 안 된다.
(현재의 올바른 가치관으로 추정)
거짓말은 다른 사람을 속이는 일이므로 절대 해서는 안 된다.
찬성 측
항상 진실을 말하는 게 좋은 것은 아니다. 가끔 선의의 거짓말도 필요하다.
반대 측

2 평등의 원칙: 말할 시간과 기회를 공평하게 가져야 한다는 원칙.

3 상호 존중의 원칙: 토론은 공식적인 장소에서 이루어지므로 예의를 지키고 상호 존중하는 태도를 가져야 한다는 원칙.

4 결과 승복의 원칙: 토론의 결과가 자신이 원하는 결과가 아니더라도 그것을 인정해야 한다는 원칙.

질문하기 학습 기능 확인하기

질문하기란?

어떤 내용에 대해서 모를 때 혹은 알고 있는 사실과 다를 때 그것에 대해 알기 위해서 묻는 것을 말한다. 또한 해당 내용에 대해서 다시 확인할 필요가 있을 때에도 질문한다.

〈질문의 유형〉

- '질문'은 '수렴형 질문'과 '개방형 질문'으로 나눌 수 있다.
- '수렴형 질문'은 상대방이 단답형으로 대답하게 하는 질문을 말한다.
- '개방형 질문'은 상대방에게 충분한 설명을 할 수 있게 하는 질문을 말한다.
- 일반적으로 토론에서는 '개방형 질문'보다 '수렴형 질문'을 많이 하는데 그 이유는 '개방형 질문'의 경우 이야기의 주도권이 질문을 받은 쪽으로 넘어가게 되기 때문이다.

학습 기능 익히기

▨ 다음을 읽고 주장에 대해 반박하는 질문으로 알맞은 것을 고르세요.

> 인터넷 영상에는 폭력적인 내용의 영상들도 있습니다. 그런데 어른과 달리 어린아이들은 판단 능력이 충분히 발달하지 않아 옳고 그름을 판단하기 어렵습니다. 그래서 어린아이들이 이러한 영상을 시청하면 그 영상을 그대로 따라 할 가능성이 높습니다. 따라서 저는 어린아이들이 인터넷 영상을 아예 시청하지 못하게 해야 한다고 생각합니다.

① 아이들이 어떤 내용의 영상을 보는 것이 좋을까요?

② 왜 아이들이 인터넷 영상을 시청하지 못하게 제한해야 한다고 하셨죠?

③ 어린아이들이 어떻게 인터넷 영상을 시청합니까?

④ 폭력적인 영상만 있지 않고 교육적인 영상과 좋은 정보가 많은데 아예 시청을 못하게 해야 할까요?

학습 기능 더 익히기

▨ 다음을 읽고 질문해 보세요.

친구의 발표를 보고 궁금한 점에 대해 질문을 하려고 한다.

……. 다음으로 청소년들이 스트레스를 받는 원인과 스트레스를 어떻게 해결하는지에 대해 말씀드리고자 합니다. 제가 준비한 자료를 같이 보시기 바랍니다. 먼저 청소년 스트레스 원인에 대해 조사한 결과입니다. …….

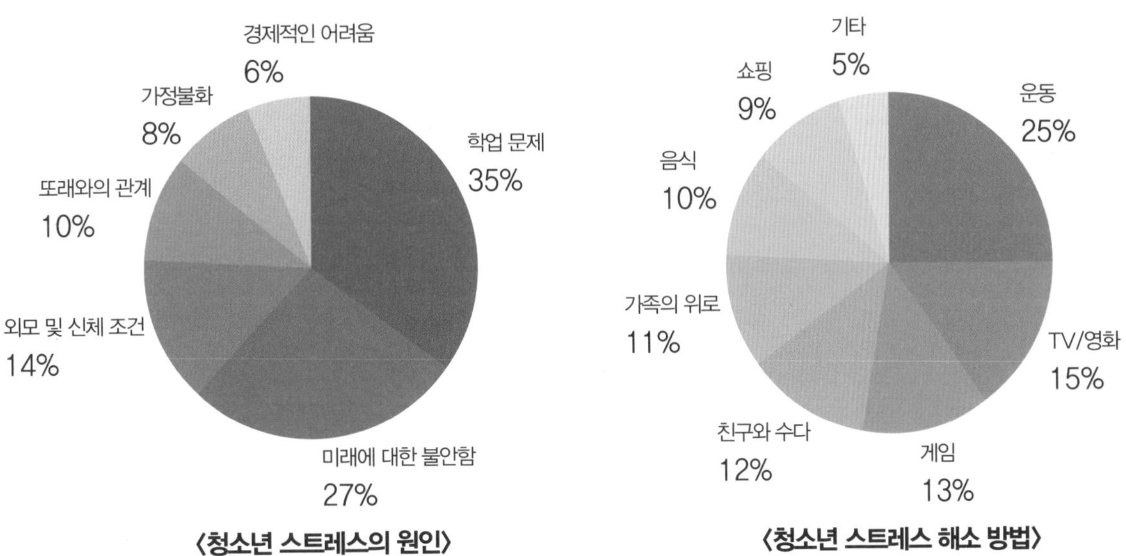

〈청소년 스트레스의 원인〉 〈청소년 스트레스 해소 방법〉

질문: ______________________________

____

____

____

진위 확인하기 / 학습 기능 확인하기

진위 확인하기란?

어떤 내용이 참인지 거짓인지를 확인함으로써 의견이나 주장의 진실 여부를 밝히는 것을 말한다.

〈통계 자료의 신뢰성 확인하기〉

- 통계 자료나 설문 자료가 공신력 있는 기관의 자료인지 확인한다.
- 통계 자료나 설문 자료가 가장 최신의 자료인지 조사 시점을 확인한다.
- 통계나 설문 대상의 규모를 확인한다.

학습 기능 익히기

▨ 다음을 읽고 진위 확인하기에 적절한 자료를 고르세요.

민우가 '게임 중독은 질병인가'에 대한 주제로 토론을 하고 있다. 민우는 게임 중독이 질병이라고 생각하는 입장이다. 민우의 주장의 일부를 읽고, 진위를 확인할 수 있는 자료로 알맞은 것이 무엇인지 생각해 보자.

저는 게임 중독을 질병으로 봐야 한다고 생각합니다. 게임의 중독에 대해서 알기 위해서는 요즘 게임의 특성을 알 필요가 있습니다. 과거의 게임은 대부분 하나의 게임이 어느 단계까지 가면 끝나게 되어 있었지만 요즘 게임은 끝이 없어서 끊임없이 계속하게 되는 특징이 있습니다. 요즘의 온라인 게임들은 이 특징 때문에 중독이 되기가 더 쉽습니다. 실제로 게임을 좋아하는 친구들과 이야기해 보면 게임을 한번 시작하면 중단하기 어렵다는 말을 많이 합니다. 자신의 의지로 어찌하지 못한다는 뜻이지요.

① 게임 중독으로 인한 범죄 기사
② 과거와 현재의 인기 게임 비교 영상
③ 게임 중독 예방법에 대한 시민 인터뷰
④ 게임 중독 질병 분류에 대한 해외 사례

학습 기능 더 익히기

▨ 다음을 읽고 내용의 진위를 확인해 보세요.

수업 시간에 세인이 '정보 통신 기술이 우리 생활에 미친 영향'에 대해 발표를 하였다. 그런데 세인의 발표 내용이 내가 아는 것과 다른 점이 있어 진위를 확인할 것이다.

정보 통신 기술이 발전하면서 인터넷이 우리 생활 여기저기에서 사용되고 있습니다. 특히 많은 사람들이 누리 소통망(SNS)을 사용하면서 인간관계를 맺는 방식도 많이 변화했습니다. 그런데 이러한 누리 소통망으로 인해 사람들 사이의 진정한 소통이 오히려 줄어드는 등 다양한 문제점들이 나타나게 되었습니다. 그러므로 우리는 올바른 누리 소통망 문화를 만들어 가기 위해 노력해야 합니다.

나는 누리 소통망이 친구들과 소통을 더욱 잘 하게 하는 좋은 수단이라고 생각했는데 오히려 진정한 소통을 줄어들게 한다고? 그뿐만 아니라 여러 가지 문제가 많다고? 정말 그것이 사실인지 사례를 조사해 봐야겠어.

자료 출처	
조사 내용	

12과 실험하기

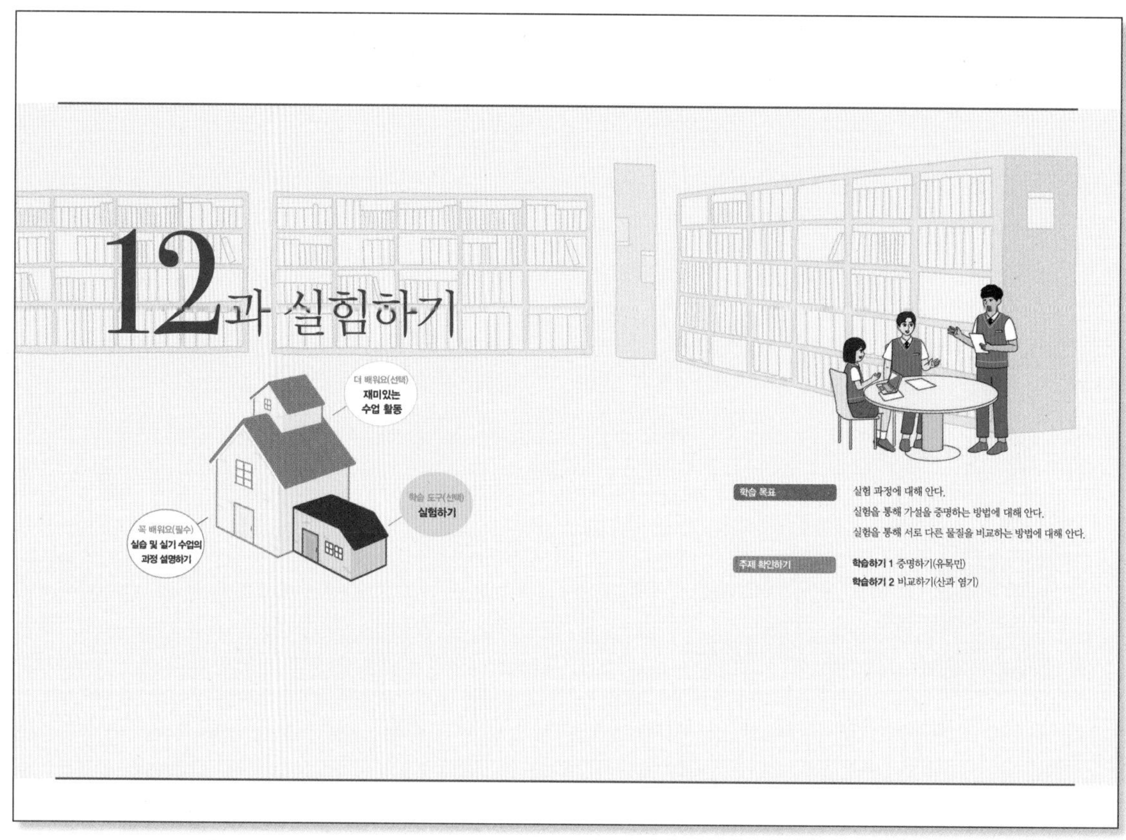

<table>
<tr><td rowspan="2">학습하기 1</td><td>학습 기능</td><td>실험하기에서 증명하기 기능을 배운다.
증명하기란 어떤 일에 대한 판단이나 주장, 가설이 진실인지 아닌지 근거를 들어 밝히는 것을 말한다.</td></tr>
<tr><td>학습 도구
한국어
어휘 및 문법</td><td>증명하다, 가설, 데이터, 인용하다, 확보하다, 무작위, 선정하다, 풍부하다</td></tr>
<tr><td rowspan="2">학습하기 2</td><td>학습 기능</td><td>실험하기에서 비교하기 기능을 배운다.
비교하기란 둘 이상의 대상을 함께 놓고 어떤 점이 같고 어떤 점이 다른지 살펴보는 것을 말한다.</td></tr>
<tr><td>학습 도구
한국어
어휘 및 문법</td><td>유사점, 차이점, 활용하다, 통제하다, 기본적, 에 반해</td></tr>
</table>

학습 도구 어휘 및 문법 확인하기

1. 다음 (　　　)에 알맞은 것을 고르세요.

(1) 시험이 시작되면 출입을 (　　　) 때문에 밖에 나갈 수 없다.

① 시도하기　② 지원하기　③ 추구하기　④ 통제하기

(2) 무엇보다 예산이 (　　　) 이 사업을 계획대로 추진할 수 있다.

① 개발되어야　② 생산되어야　③ 설치되어야　④ 확보되어야

(3) 설문 조사를 통해 모은 (　　　)을/를 분석하여 그래프를 만들었다.

① 실험　② 통신　③ 데이터　④ 퍼센트

2. '에 반해'를 사용하여 〈보기〉와 같이 문장을 완성하세요.

〈보기〉

수호는 축구는 잘하는 데에 반해 농구는 잘 못한다. (잘하다)

(1) 물가가 계속해서 ______________ 월급은 오르지 않고 있다. (올라가다)

(2) 동생은 조용하고 ______________ 언니는 활발하고 외향적이다. (내성적이다)

3. 다음 밑줄 친 부분과 의미가 비슷한 것을 고르세요.

(1) 그 배우는 무대 경험이 매우 많다.

① 간결하다　② 부족하다　③ 적절하다　④ 풍부하다

(2) 선생님께서 다음 시간에 발표할 학생 두 명을 무작위로 뽑았다.

① 선정했다　② 설정했다　③ 인정했다　④ 작성했다

학습 활동 확인하기

1. 다음은 실험의 과정입니다. 순서에 맞게 쓰세요.

㉠ 실험 수행	㉡ 문제 인식	㉢ 결론 도출
㉣ 가설 설정	㉤ 실험 결과 분석	㉥ 실험 설계

㉡ → (   ) → ㉥ → (   ) → (   ) → (   )

2. 다음을 읽고 알맞은 것을 고르세요.

> 의문을 가진 문제에 대한 해답을 미리 만들어 보는 단계

① 가설 설정   ② 결론 도출   ③ 문제 인식   ④ 실험 설계

알면 쓸모 있는 어휘

- **빠짐없이** 하나도 빠뜨리지 않고 다.
- **설계** 앞으로 할 일에 대하여 계획을 세움. 또는 그 계획.
- **수행** 일을 생각하거나 계획한 대로 해냄.
- **유의하다** 마음에 두고 조심하며 신경을 쓰다.
- **진술** 일이나 상황에 대해 의견을 자세히 이야기함. 또는 그러한 이야기.
- **해답** 질문이나 문제를 풀이함. 또는 그런 것.

학습 활동 더 알아보기

〈과학 실험 시 주의할 점〉

■ 실험하기 전

- 실험하기 전에 실험 방법을 알아 둔다.
- 실험 기구의 사용 방법을 알아 둔다.
- 소화기의 위치와 사용 방법을 알아 둔다.

■ 실험하는 동안

- 기체가 발생하는 실험을 할 때는 실내를 환기한다.
- 뜨거운 실험 기구를 만질 때는 내열 장갑을 끼거나 집게를 사용한다.
- 약품이나 가열 기구를 사용할 때는 보안경을 착용한다.

■ 실험이 끝난 뒤

- 사용한 실험 기구를 깨끗이 씻는다.
- 사용한 실험 기구를 제자리에 갖다 놓고, 실험대를 정리한다.
- 사용한 약품은 선생님의 안내에 따라 정해진 곳에 버린다.

〈실험 결과를 바탕으로 결론을 도출하는 방법〉

- ■ 실험 결과에 근거하여 결론을 도출해야 한다.(추측하지 않는다.)
- ■ 결론은 간단명료하게 진술해야 한다.

증명하기 학습 기능 확인하기

증명하기란?

어떤 일에 대한 판단이나 주장, 가설이 진실인지 아닌지 근거를 들어 밝히는 것을 말한다. 증명하기의 과정을 통해 정보의 진실 여부를 확인해야 하는 경우가 있다.

〈자료 수집 및 분석 방법〉

- 직접 현장에 가서 관찰하거나 사람들을 면담하여 수집할 수 있다.
- 문서, 시청각 자료 등과 같은 다양한 정보를 통해 사례를 수집하여 근거로 제시할 수도 있다.

학습 기능 익히기

▨ 다음을 읽고 사실을 증명하기 위해 사용한 방법으로 알맞은 것을 고르세요.

> '사계절 중 감기 환자가 제일 많이 발생하는 계절은 겨울이다.'라는 내용이 사실인지 확인하기 위해 관련 자료를 조사해 보았다. 인터넷을 통해 최근 5년간 건강 보험 적용 대상자 중 감기로 인해 병원을 이용한 통계 자료를 찾을 수 있었다. 자료를 살펴본 결과 겨울철 진료 인원이 가장 많았다는 사실을 알 수 있었다.

① 실험을 통해 확인하는 방법

② 통계 데이터를 분석하는 방법

③ 사례를 수집하여 제시하는 방법

④ 직접 현장을 확인하여 근거를 확보하는 방법

학습 기능 더 익히기

▨ 다음의 가정을 설문 조사를 통해 증명해 보세요.

수학 시간에 일상생활 속에서 통계를 적용해 보는 모둠 활동을 하기로 했다. 우리 모둠은 '집과 학교가 가까울수록 지각을 자주 한다.'라고 가정을 하고 이 사실을 증명해 보려고 한다.

집과 학교의 거리가 지각을 하는 데 어떤 영향을 끼칠지 알아보면 재미있지 않을까? 나는 학교와 가까운 곳에 사는 사람일수록 더 자주 지각을 할 것 같아.

글쎄……. 집이 가까우면 아무래도 그만큼 시간이 덜 걸리니까 지각을 안 하게 되지 않을까?

그럼 실제로 우리 반 친구들 중 집이 가까운 친구와 먼 친구를 분류하여 각각 지각 경험을 조사한 다음 그 결과를 분석해서 증명해 보자.

증명 결과

비교하기 학습 기능 확인하기

비교하기란?

둘 이상의 대상을 함께 놓고 어떤 점이 같고 어떤 점이 다른지 살펴보는 것을 말한다. 비교를 통해 어떤 점이 어떻게 다른지 더 확실하게 알 수 있다.

〈실험에서의 비교하기〉

- 실험을 할 때에도 비교하기를 활용할 수 있다. 이런 것을 비교 실험이라고 한다.
- 비교 실험을 할 때 정확한 결과를 얻기 위해서는 실험 집단과 비교 집단을 잘 구성해야 한다. 실험 집단은 어떤 하나의 조건을 적용하여 만든 집단, 비교 집단은 인위적으로 어떤 변화도 주지 않은 집단을 말한다. 두 집단의 차이를 비교하여 알고자 하는 것의 효과와 성능 등을 알 수 있다.
- 예를 들면, 새로 개발한 약의 효능을 알아보기 위해 약을 먹은 집단과 먹지 않은 집단의 몸의 변화를 살펴봄으로써 이 약의 효과에 대해 알 수 있다.

학습 기능 익히기

▨ 다음 실험은 무엇을 비교하기 위한 것인지 고르세요.

실험 방법	2개의 비닐 주머니에 얼음 조각과 드라이아이스 한 조각을 각각 넣고 입구를 막는다. 30분 후 어떤 변화가 생겼는지 살펴본다.
실험 결과	얼음이 든 비닐 주머니는 안에 물이 생기고 크기가 작아졌다. 드라이아이스가 든 비닐 주머니는 안에 연기가 생기고 크기가 커졌다.

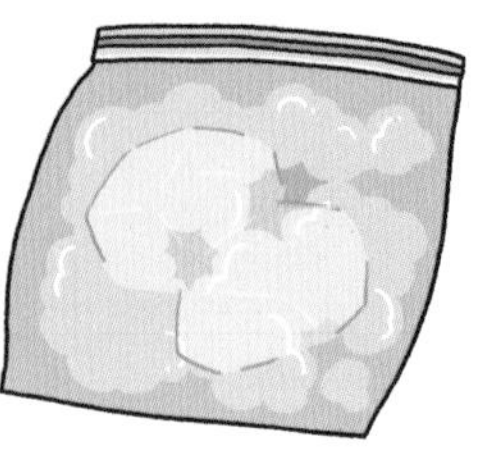

① 얼음과 드라이아이스가 녹는 시간

② 얼음과 드라이아이스의 상태 변화

③ 얼음과 드라이아이스의 색깔 변화

④ 얼음과 드라이아이스의 온도 차이

학습 기능 더 익히기

▨ 다음을 읽고 두 대상의 특징을 비교해 보세요.

다음은 사회 시간에 배운 내용을 간단히 필기한 것이다. 필기한 내용을 표로 다시 정리하여 서·남해안과 동해안의 특징을 비교하려고 한다.

서·남해안

- 다도해: 서해와 남해는 과거에는 육지였으나 해수면이 높아지면서 산봉우리들이 섬이 됨.
- 만(바다가 육지 쪽으로 들어와 있는 곳)이 발달하여 해안선이 복잡함.
- 갯벌이 많아 주민들이 염전 또는 굴, 조개 양식에 이용함.

동해안

- 해안선이 단순하고 해수욕장이 많음.
- 동해로 흐르는 강이 모래를 운반해 와 모래 해안과 사빈(모래가 많이 쌓인 해안 지형)이 발달함.
- 파도를 막아 주는 섬이 거의 없음.
- 갯벌이 거의 없음.

	서·남해안	동해안
해안선의 모양		
섬의 분포		
주로 발달한 지형		

13과 평가받기

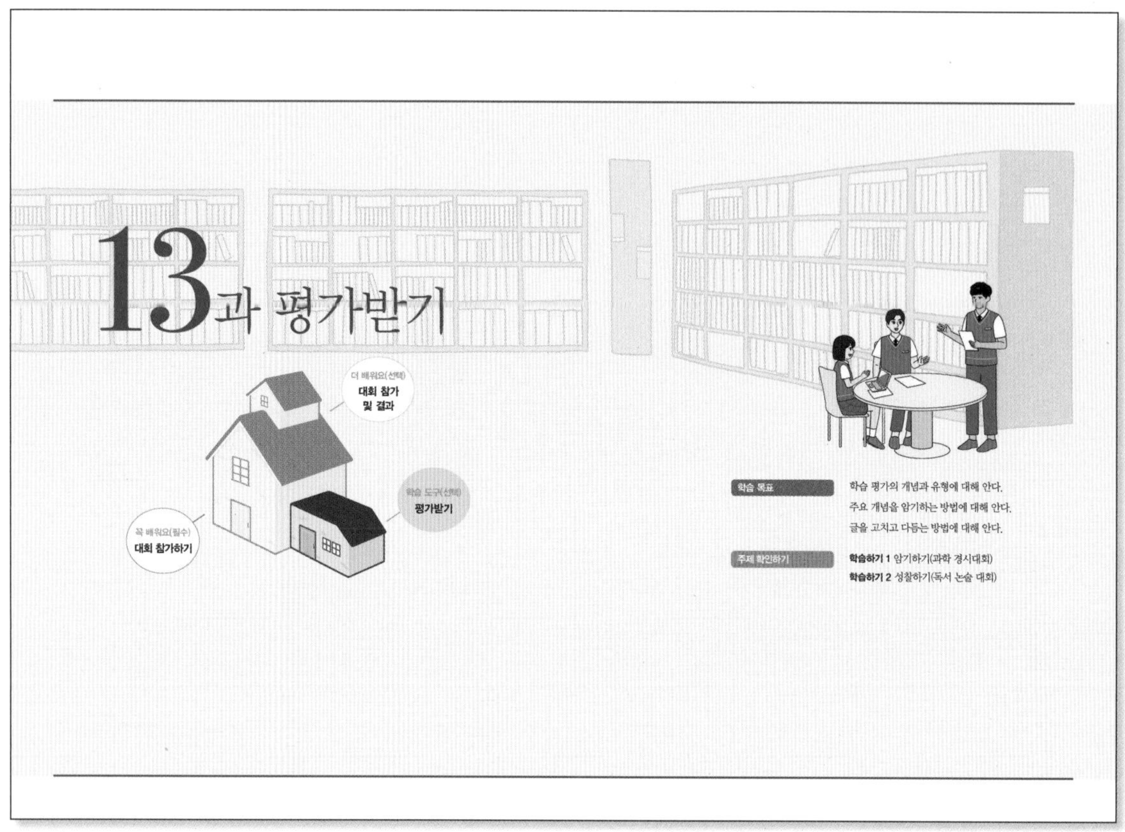

학습하기 1	학습 기능	평가받기에서 암기하기 기능을 배운다. 암기하기란 다시 떠올릴 것을 예상하고 의식적으로 잊지 않도록 외우는 것을 말한다.
	학습 도구 한국어 어휘 및 문법	의식적, 선호, 서술하다, 부호, 용어, 보편적, 실천하다

학습하기 2	학습 기능	평가받기에서 성찰하기 기능을 배운다. 성찰하기란 자신이 경험하고 학습한 내용에 대해 반성적으로 되돌아보는 과정을 말한다.
	학습 도구 한국어 어휘 및 문법	요구하다, 과제, 지시하다, 적합하다, 배경, 전반적, 상황, -듯이

학습 도구 어휘 및 문법 확인하기

1. 다음 (　　　)에 알맞은 것을 고르세요.

(1) 요즘 학생들은 화면이 큰 노트북을 (　　　).

① 발생한다　② 선호한다　③ 유발한다　④ 파악한다

(2) 기행문은 여행을 하면서 보고 듣고 느낀 점을 (　　　) 글이다.

① 분배한　② 서술한　③ 요구한　④ 지시한

(3) 생활 계획표를 만들어서 그대로 (　　　) 시간을 효율적으로 쓸 수 있다.

① 실천하면　② 작용하면　③ 차지하면　④ 통합하면

2. '-듯이'를 사용하여 〈보기〉와 같이 문장을 완성하세요.

〈보기〉

아이들이 달리기 시합이라도 하듯이 식당으로 뛰어갔다. (하다)

(1) 발표 때문에 긴장을 해서 땀이 비 __________ 흐른다. (오다)

(2) 그 아이는 밥 __________ 거짓말을 자주 한다. (먹다)

3. 다음 밑줄 친 부분과 의미가 비슷한 것을 고르세요.

(1) 옛날에는 소를 이용해서 농사를 짓는 것이 보편적이었다.

① 비판적　② 일반적　③ 의식적　④ 적극적

(2) 무슨 일이든지 만약의 상황에 대비하여 미리 준비를 해야 한다.

① 경우　② 방식　③ 영역　④ 일정

학습 활동 확인하기

1. 알맞은 것끼리 연결하세요.

(1) 학습이 시작되기 전 얼마나 알고 있는지 확인하는 평가 •	• 총괄 평가
(2) 학습 중에 주기적으로 관찰하고 확인하는 평가 •	• 형성 평가
(3) 학습이 끝난 후 확인하는 종합 평가 •	• 신단 평가

2. 다음을 읽고 알맞은 것을 고르세요.

> 계획서 작성 단계에서부터 결과물 완성 단계까지 전 과정을 평가

① 서답형 평가　② 프로젝트 평가
③ 실험 및 실습 평가　④ 토의 및 토론 평가

알면 쓸모 있는 어휘

- **도달하다** 목적한 곳이나 일정한 수준에 이르다.
- **돌아보다** 현실이나 상황을 자세히 살펴 생각하다.
- **문항** 문제의 각각의 부분.
- **조작** 기계나 장치 같은 것을 일정한 방식에 따라 다루어 움직이게 함.
- **쪽지** 어떤 내용의 글을 적은 작은 종잇조각.
- **진단** 어떤 대상이나 현상에 대해 상태를 판단함.

〈평가자에 따른 평가의 종류〉

학교에서는 다양한 사람들이 평가를 한다. 평가하는 사람들에 따라 '교사 관찰 평가, 동료 평가, 자기 평가'로 나눌 수 있다.

- **교사 관찰 평가:** 교사가 학생을 관찰하여 학습자의 교과 지식에 대한 능력, 자기 관리 능력, 공동체 능력 등을 평가한다.
- **동료 평가:** 다른 모둠의 학습 활동과 발표를 경청하고 주어진 평가 내용(주제 선정, 역할 분담, 역할 수행, 발표 준비)에 따라 모둠 활동의 전반에 대해 평가할 수 있다.
- **자기 평가:** 수업 활동에 대한 자신의 태도와 자신이 얻게 된 것 등에 대해 평가할 수 있다.

〈자기 평가의 예〉

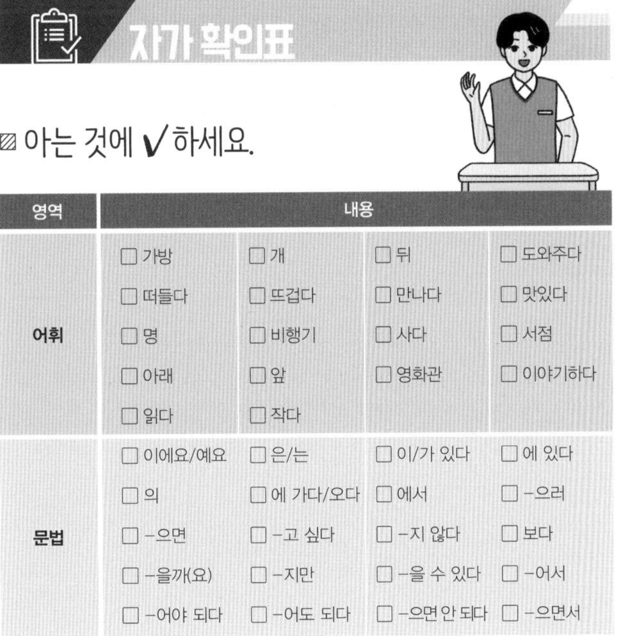

자가 확인표

▨ 아는 것에 ✓ 하세요.

영역	내용			
어휘	□ 가방	□ 개	□ 뒤	□ 도와주다
	□ 떠들다	□ 뜨겁다	□ 만나다	□ 맛있다
	□ 명	□ 비행기	□ 사다	□ 서점
	□ 아래	□ 앞	□ 영화관	□ 이야기하다
	□ 읽다	□ 작다		
문법	□ 이에요/예요	□ 은/는	□ 이/가 있다	□ 에 있다
	□ 의	□ 에 가다/오다	□ 에서	□ -으러
	□ -으면	□ -고 싶다	□ -지 않다	□ 보다
	□ -을까(요)	□ -지만	□ -을 수 있다	□ -어서
	□ -어야 되다	□ -어도 되다	□ -으면 안 되다	□ -으면서

암기하기 / 학습 기능 확인하기

암기하기란?

다시 떠올릴 것을 예상하고 의식적으로 잊지 않도록 외우는 것을 말한다. 암기하는 방식은 사람에 따라, 암기할 내용에 따라 다를 수 있다. 암기가 잘되는 자신만의 방법을 찾아 활용하는 것이 중요하다.

〈단기 기억과 장기 기억〉

- 기억은 유지되는 기간에 따라 단기 기억과 장기 기억으로 구분할 수 있다.
- 단기 기억은 새로운 정보를 잠시 동안 기억하는 것을 말한다. 단기 기억은 정보의 양이 제한적이고, 지속 시간이 일시적이다.
- 장기 기억이란 경험한 것을 수개월에서 길게는 평생 동안 기억하는 것을 말한다. 흔히 우리가 가지고 있는 과거 경험에 대한 기억이나 공부를 해서 얻은 다양한 지식들이 장기 기억에 해당한다.
- 암기를 할 때는 단기 기억에 있는 정보들을 반복 학습하여 장기 기억으로 옮기는 것이 중요하다.

학습 기능 익히기

▨ 다음에서 사용한 암기 방법으로 알맞은 것을 고르세요.

지구는 '지권, 수권, 기권, 생물권, 외권'의 요소들로 구성이 되는구나. 이 내용은 '지수기생외'라고 줄여서 외우면 좋을 거 같아.

① 노래로 외우는 방법

② 이야기로 외우는 방법

③ 그림으로 외우는 방법

④ 이름의 앞 글자만 떼서 외우는 방법

학습 기능 더 익히기

▨ 다음을 보고 암기 방법을 한 가지 선택하여 암기해 보세요.

다음은 과학 시험 문제이다. 다음 문제를 풀기 위해서는 '생물의 분류 체계'를 기억하고 있어야 한다. '노래로 외우는 방법, 이야기로 외우는 방법, 그림으로 외우는 방법, 이름의 앞 글자만 떼서 외우는 방법' 중 어떤 방법을 사용하여 '생물의 분류 체계'를 암기하면 효과적일까?

1. 다음을 읽고 빈칸에 들어갈 알맞은 말을 쓰세요.

생물을 분류하는 가장 작은 단위는 (　　　　　　)이고, 가장 큰 단위는 (　　　　　　)이다. 생물의 분류 체계에 따르면 생물을 크게 (　　　　　　), 식물계, (　　　　　　), 원생생물계, 원핵생물계로 분류할 수 있다.

(1) 생물을 분류하는 단위: 생물을 종에서부터 점차 큰 단위로 묶으면 계까지 분류할 수 있다. 계는 생물을 분류하는 가장 큰 단위이다.
(종 < 속 < 과 < 목 < 강 < 문 < 계)

(2) 생물의 분류 체계: 지구의 다양한 생물은 동물계, 식물계, 균계, 원생생물계, 원핵생물계의 5가지 계로 분류할 수 있다.

암기 방법:

성찰하기 / 학습 기능 확인하기

성찰하기란?

자신이 경험하고 학습한 내용에 대해 반성적으로 되돌아보는 과정을 말한다. 과제에서 좋은 평가를 받기 위해서는 과제 수행의 마지막 단계에서 성찰하기가 요구된다. 과제의 결과물이 과제의 목적에 맞는 것인지 확인하고 과제를 수행하는 과정에서 실수하거나 잘못한 것은 없는지 확인한다.

〈성찰 일기 쓰기〉

학습자 스스로 자신의 학습 과정을 반성, 분석, 비판하며 쓰는 글을 성찰 일기라고 한다. 성찰 일기를 꼼꼼하게 쓰면 자신의 학습과 관련된 문제점을 발견할 수 있을 뿐만 아니라 나아가 이를 해결하기 위한 방안을 찾을 수 있다는 장점이 있다.

학습 기능 익히기

▨ 다음을 읽고 글을 완성하기 위해 사용한 성찰하기 방법으로 알맞은 것을 고르세요.

> 소설을 다 읽고 나서 내가 만약 소설 속 주인공이었더라면 어떻게 했을지 생각해 보았다. 나는 내 이웃이 고통을 당하는 모습을 가만히 지켜볼 수 없었을 것이기 때문에 목숨을 걸고 나라를 지키기 위해 함께 싸울 사람들을 모아서 군대를 만들고 직접 총을 들고 강대국과 싸웠을 것이다.

⬇ **성찰하기**

> 소설을 다 읽고 나서 내가 만약 소설 속 주인공이었더라면 어떻게 했을지 생각해 보았다. 나는 내 이웃이 고통을 당하는 모습을 가만히 지켜볼 수 없었을 것이다. 따라서 함께 싸울 사람들을 모아서 군대를 만들 것이다. 그리고 나라를 지키기 위해 목숨을 걸고 강대국과 싸웠을 것이다.

☐ 글의 주제가 적절한지 확인한다.

☐ 띄어쓰기나 맞춤법이 바르게 되어 있는지를 살펴본다.

☐ 문단을 구성하고 있는 문장들의 길이가 적절한지 점검한다.

▨ 다음을 읽고 성찰해 보세요.

봉사 활동 결과 보고서를 작성한 후 봉사 활동 소감을 읽고 잘못된 부분을 찾아 고치려고 한다.

봉사 활동 소감

지난 주말에 친구들과 함께 봉사 활동을 하러 대한양로원에 갔다. 나는 봉사 활동으로 양로원에 갈 거라는 말을 처음 들었을 때 걱정부터 됐다. 왜냐하면 우리 할아버지, 할머니께서 오래전에 죽어서 할아버지, 할머니하고 무슨 이야기를 해야 하는지 몰랐기 때문이다. 그런데 그곳에 계신 분들이 모두 친절하시고 재미있어서 금방 적응하고 봉사 활동을 할 수 있었다.

나는 봉사 활동을 하는 것이 어렵지 않을 거라고 생각했지만 막상 해 보니 쉽지 않았다.

걸레질도 하고 창문도 닦았고 할머니, 할아버지께서 드실 식사를 준비했다.
청소와 빨래는 할 때는 정말 힘들었지만 하고 나니까 기분이 좋아졌다. 나는 시간이 있을 때마다 친구들과 축구를 한다. 축구를 한 후에 아이스크림을 먹으면 기분이 좋아진다. 다음에 다시 봉사 활동을 하러 가야겠다.

글쓰기에서 성찰할 내용	네	아니요
문단이 통일되어 있는가?		
중심 문장이 분명히 드러나는가?		
문단의 길이가 적절한가?		
단어를 적절하게 사용했는가?		
띄어쓰기가 맞는가?		
맞춤법에 맞게 썼는가?		

14과 예습하기

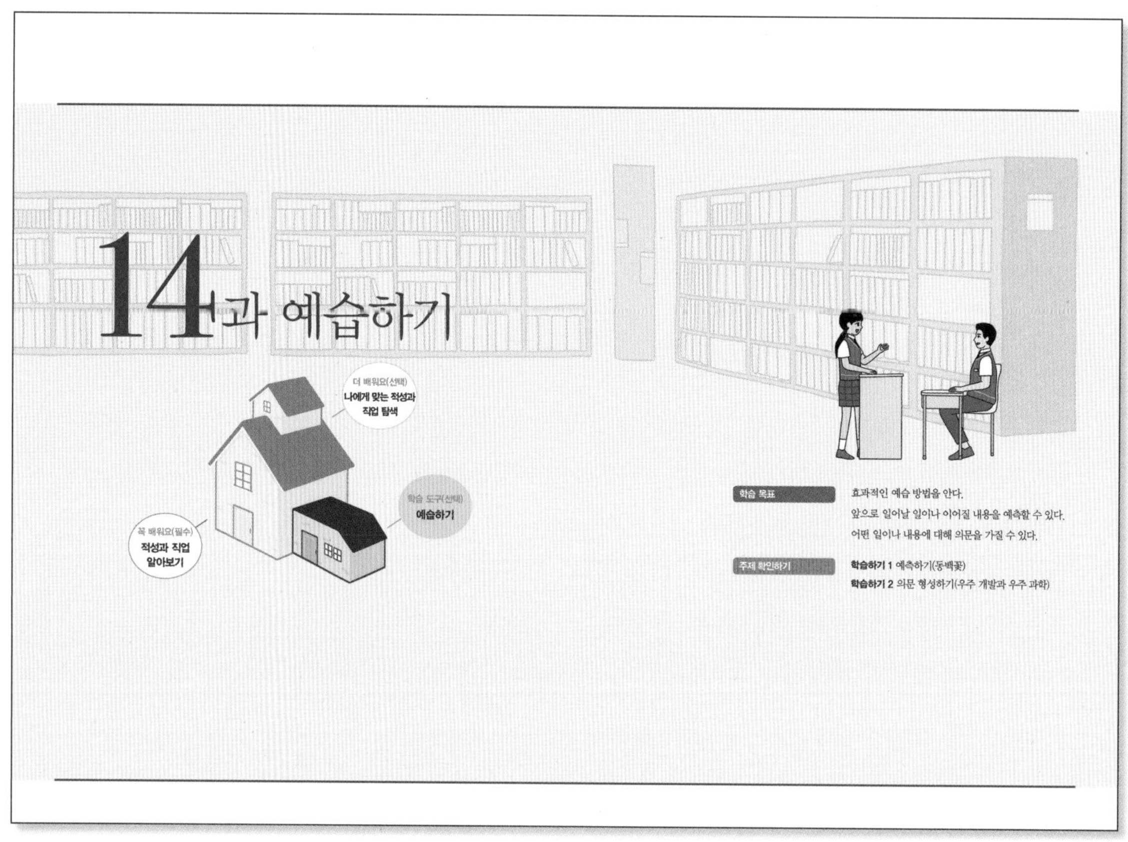

학습하기 1	**학습 기능**	예습하기에서 예측하기 기능을 배운다. 예측하기란 지금까지의 상황을 잘 살펴서 이후에 일어날 일이나 이어질 내용을 예상하는 것을 말한다.
	학습 도구 한국어 어휘 및 문법	예측하다, 선행, 동기, 기존, 상징하다

학습하기 2	**학습 기능**	예습하기에서 의문 형성하기 기능을 배운다. 의문 형성하기란 질문을 통해 문제와 의미를 명료화하는 것을 말한다.
	학습 도구 한국어 어휘 및 문법	의문, 명료화, 진보, 본격화, 관측, 상상, 분야, 운용

학습 도구 어휘 및 문법 확인하기

1. 다음 (　　　)에 알맞은 것을 고르세요.

(1) 예로부터 비둘기는 평화를 (　　　) 새로 알려져 왔다.

① 보호하는　② 상징하는　③ 지적하는　④ 평가하는

(2) 이 영화는 100년 후 미래의 모습을 (　　　) 만든 작품이다.

① 경험해서　② 상상해서　③ 인용해서　④ 지시해서

(3) 기상청에서는 태풍의 움직임을 (　　　) 태풍의 다음 이동 경로를 사람들에게 미리 알려 준다.

① 관측해서　② 요구해서　③ 접촉해서　④ 통제해서

(4) 왜 공부를 해야 하는지에 대한 (　　　)가 확실하면 더 열심히 할 수 있다.

① 동기　② 소비　③ 참여　④ 흥미

(5) 이번 신제품은 이미 전부터 사용하던 (　　　) 제품의 문제점을 보완하여 휴대하기 편하게 만들었다.

① 가상　② 기존　③ 실험　④ 예상

2. 다음 밑줄 친 부분과 의미가 비슷한 것을 고르세요.

(1) 시험에 나올 거라고 <u>예상한</u> 문제가 하나도 나오지 않아서 당황했다.

① 구성한　② 분류한　③ 예측한　④ 통합한

(2) 전공을 선택할 때는 자신의 관심 <u>분야</u>가 무엇인지 깊이 생각해 보아야 한다.

① 기호　② 심리　③ 영역　④ 원리

학습 활동 확인하기

1. 예습하기에 대한 설명으로 알맞지 않은 것을 고르세요.

① 예습은 수업을 듣기 전에 한다.

② 수업 내용을 미리 파악할 수 있다.

③ 예습을 하면 수업 시간에 더 집중을 할 수 있다.

④ 다음 시간에 배울 내용을 빠짐없이 모두 예습해야 한다.

2. 효과적인 예습 방법에 대해 맞으면 ○, 틀리면 × 하세요.

(1) 본문 내용 전체를 꼼꼼히 읽어 본다. ( )

(2) 수업 시간에 질문할 내용을 미리 생각해 본다. ( )

(3) 대단원과 소단원의 제목을 보고 새로 배울 내용을 예측해 본다. ( )

알면 쓸모 있는 어휘

- **강조되다** 어떤 것이 특히 뚜렷하게 드러나거나 강하게 주장되다.
- **목차** 글이나 책 등에서 여러 제목이나 항목을 순서대로 늘어놓은 목록.
- **본문** 문서나 긴 글에서 중심이 되는 글.
- **필요성** 꼭 있어야 하는 성질.
- **핵심어** 어떤 말이나 글에서 가장 중심이 되는 단어.

학습 활동 더 알아보기

〈과목별 예습 방법〉

■ 국어

- 제목을 읽어 본다. 제목을 읽는 것만으로 앞으로 무엇을 배울지 예측해 볼 수 있다.
- 주말, 방학을 활용해 본문에 나온 문학 작품을 미리 읽어 본다. 시간이 부족한 경우 작품의 줄거리, 주요 인물, 소재 혹은 작가에 대한 정보 등을 미리 확인하는 것도 좋다.

■ 영어

- 본문을 큰 소리로 읽어 본다.
- 본문을 읽을 때는 내용을 모두 해석하지 않아도 된다. 모르는 단어나 이해가 안 되는 문장에는 표시를 하고 내용의 전체적인 흐름만 파악한다.
- 우리와 다른 외국 문화를 찾아본다. 문화를 이해하는 것은 외국어를 공부하는 데 도움이 된다.

■ 수학

- 학습 목표를 확인하고 개념 및 원리가 왜 만들어졌는지 생각해 본다.
- 예제를 미리 풀어본다. 예제를 풀어 보면 개념을 이해하는 데 도움이 된다.

■ 사회

- 목차를 통해 전체적인 흐름을 파악한다. 특히 역사와 관련된 내용을 공부할 때 도움이 된다.
- 그림, 도표, 지도 등을 보며 본문의 내용을 예상해 본다.
- 교과서에 등장하는 유적지나 박물관을 다녀오는 것도 좋은 방법이 된다.

■ 과학

- 원리나 이론, 실험 과정에 관한 그림과 사진 자료가 있는 경우 자세히 살펴본다.
- 처음 보는 용어를 정리해 둔다.
- 과학 원리나 이론 등을 일상생활에 어떻게 적용할 수 있는지 생각해 본다.

예측하기 학습 기능 확인하기

예측하기란?

지금까지의 상황을 잘 살펴서 이후에 일어날 일이나 이어질 내용을 예상하는 것을 말한다. 예측하기를 통해 앞으로 배우거나 읽을 책의 내용을 예상할 수 있다. 앞으로 무엇을 공부하게 될지 미리 생각하는 것은 학습에 대해 능동적인 자세를 갖게 하고 동기를 유발하는 데에도 효과적이다.

〈예측하며 책 읽기〉

- 내용을 예측하면서 책을 읽으면 내용에 대한 흥미를 높여 주고 독해의 효율을 높이는 데에도 도움이 된다.
- 독자는 자신의 배경지식과 함께 글쓴이가 만들어 둔 각종 장치를 활용하여 책의 내용을 예측할 수 있다.
- 이때 주의해야 할 점은 반드시 글을 읽어 가면서 예측하는 것이다.

학습 기능 익히기

▨ 책 내용 예측하기에 대한 설명으로 맞으면 ○, 틀리면 × 하세요.

(1) 책의 가격을 통해 내용을 예측할 수 있다. ( )

(2) 목차의 구성을 통해 책에 대한 정보를 알 수 있다. ( )

(3) 표지의 그림은 책의 내용을 예측하는 데 도움이 되지 않는다. ( )

(4) 작가에 대한 정보를 찾아보면 책에 대해 예측하는 데 도움이 된다. ( )

학습 기능 더 익히기

▨ 다음 문제의 실험 내용을 읽고 결과를 예측해 보세요.

과학 문제를 풀고 있다. 아래 실험의 결과가 어떻게 나올지 예측해 볼 것이다.

문제: 양팔저울의 한쪽에는 추 A가 있고 다른 쪽에는 같은 무게의 추 B가 빈 비커 안에 들어 있다. 현재 저울은 평형을 이루고 있다. 오른쪽 비커에 물을 부어 추 B를 물속에 잠기게 했을 때 어떤 변화가 생기는가?

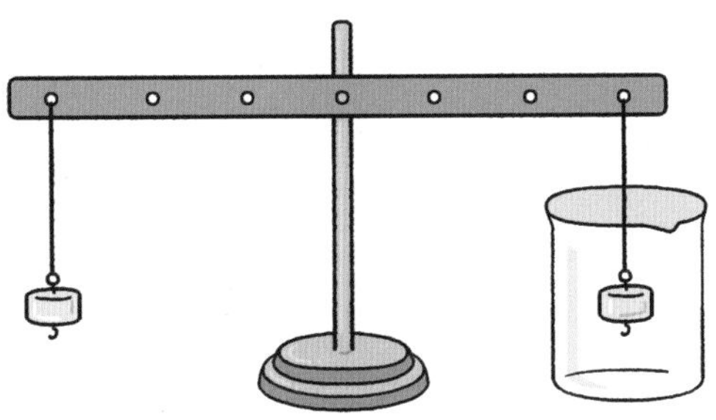

이 문제는 과학 시간에 배운 부력에 대한 문제인 것 같아. 부력은 물체가 물이나 공기 중에서 뜰 수 있게 해 주는 힘이고, 부력의 방향은 중력과 반대 방향인 위쪽이라고 배웠어. 내가 공부한 내용을 가지고 추 B가 물에 잠겼을 때의 결과를 예측할 수 있을 것 같아.

〈결과 예측〉

〈그렇게 예측한 근거〉

의문 형성하기 / 학습 기능 확인하기

의문 형성하기란?

질문을 통해 문제와 의미를 명료화하는 것을 말한다. 의문은 관찰한 현상을 현재의 지식으로는 설명할 수 없다고 인식했을 때 생기는 궁금증을 말한다.

〈예습할 때의 의문 형성하기〉

- 수업 전에 배울 내용을 확인하면서 의문을 형성하면 학습 효과를 높일 수 있다.
- 수업 시간에 의문이 드는 부분을 질문하다 보면 수업에 적극적으로 참여하게 된다.

학습 기능 익히기

▨ 의문 형성 단계를 순서에 맞게 쓰세요.

㉠ 현상이나 상황을 꼼꼼하게 살펴본다.
㉡ 동의할 수 없는 부분을 질문의 형식으로 의문을 표현한다.
㉢ 경험에 비추어서 납득이 되지 않거나 동의할 수 없는 부분을 정리한다.
㉣ 살펴본 내용을 내가 가지고 있는 지식이나 유사한 경험에 비추어 본다.

㉠ → (　　　) → (　　　) → (　　　)

학습 기능 더 익히기

다음 실험 결과를 보고 의문을 형성해 보세요.

과학 실험 결과를 보고 의문이 들었다. 내 경험과 지식으로 볼 때 동의할 수 없는 부분에 대해 질문의 형식으로 의문을 표현할 것이다.

1 현상이나 상황을 꼼꼼하게 살펴본다.

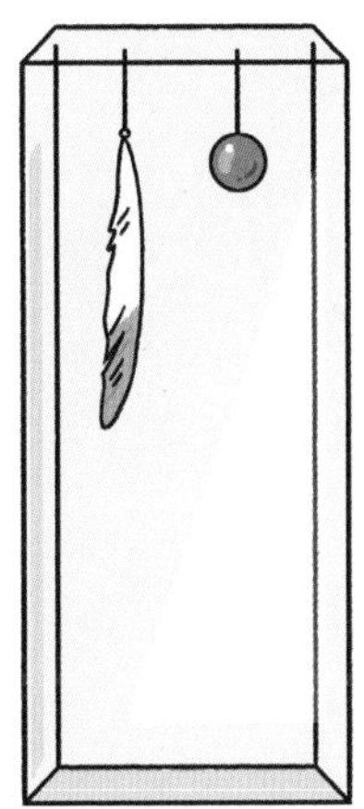

실험 과정

1. 위아래로 긴 모양의 통 안에 나무로 만든 깃털과 쇠로 만든 구슬을 매단다.
2. 통을 진공 상태로 만든 후 깃털과 구슬을 떨어뜨린다.

실험 결과: 깃털과 구슬이 동일한 속도로 바닥에 떨어짐.

2 살펴본 내용을 내가 가지고 있는 지식이나 유사한 경험에 비추어 본다.

깃털과 구슬이 동시에 떨어졌다고? 예전에 종이와 동전을 떨어뜨린 적이 있는데 그때는 어땠지?

3 경험과 지식에 비추어서 납득이 되지 않거나 동의할 수 없는 부분을 정리한다.

4 동의할 수 없는 부분에 대해 질문의 형식으로 의문을 표현한다.

15과 체험하기

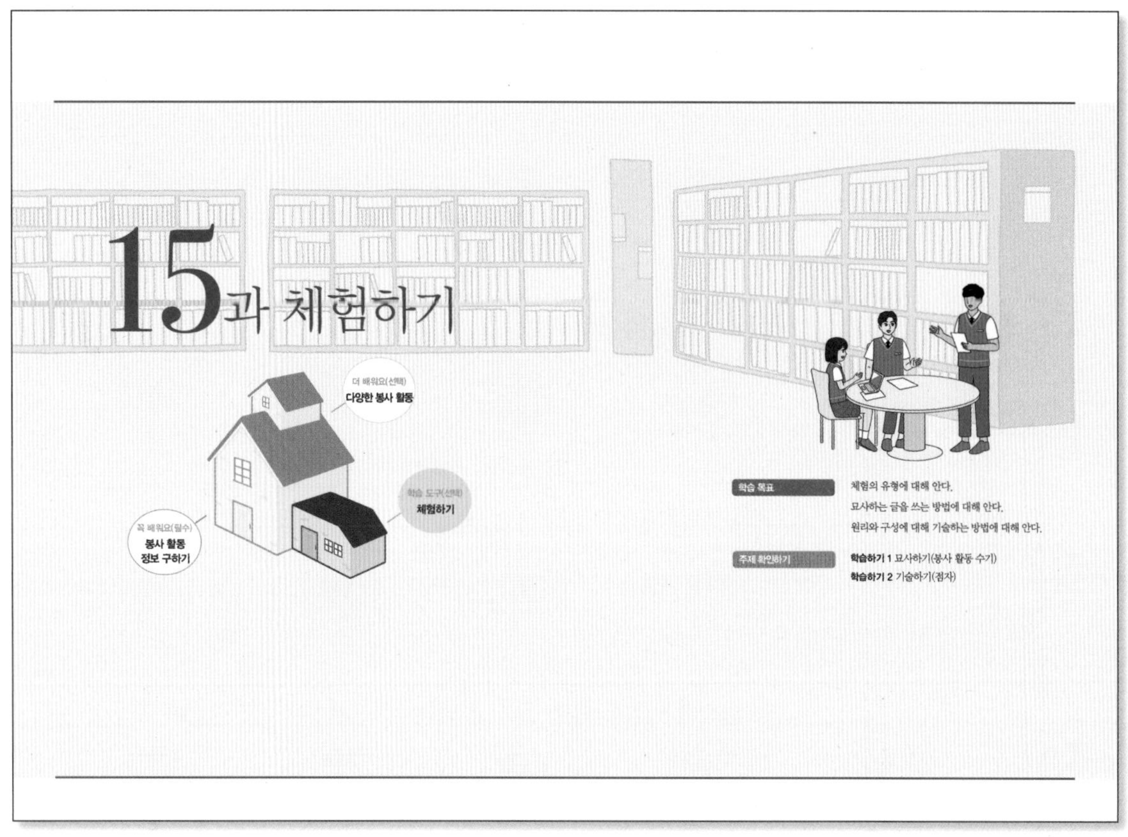

학습하기 1	**학습 기능**	체험하기에서 묘사하기 기능을 배운다. 묘사하기란 대상의 모양이나 모습을 본 그대로 그림을 그리듯이 표현하는 것을 말한다.
	학습 도구 한국어 어휘 및 문법	일환, 주위, 발휘하다, 완전, 비유하다, 계기

학습하기 2	**학습 기능**	체험하기에서 기술하기 기능을 배운다. 기술하기란 대상의 내용과 특징을 조직적으로 밝혀 기록하는 것을 말한다.
	학습 도구 한국어 어휘 및 문법	기술하다, 조합, 가정하다, 배열하다, 효율적

학습 도구 어휘 및 문법 확인하기

1. 다음 (　　　)에 알맞은 것을 고르세요.

(1) 이 책은 역사적 사건을 시대순으로 쭉 (　　　) 놓았다.

① 배열해　② 생산해　③ 설치해　④ 전달해

(2) 이번 동창회 모임을 (　　　)로 어릴 적 친구들과 다시 연락하게 되었다.

① 계기　② 요소　③ 예시　④ 소재

(3) 이번 행사는 개회식부터 폐회식까지 아무 문제 없이 (　　　) 진행되었다.

① 부족하게　② 불행하게　③ 완벽하게　④ 풍부하게

(4) 인터넷이 사라진다고 (　　　) 우리 생활이 어떻게 변할지 글을 쓰려고 한다.

① 가정하여　② 분류하여　③ 지적하여　④ 요약하여

(5) '바다처럼 넓은 어머니의 마음'이라는 표현은 어머니의 마음을 바다에 (　　　) 있다.

① 분배하고　② 비유하고　③ 접촉하고　④ 포괄하고

2. 다음 밑줄 친 부분과 의미가 비슷한 것을 고르세요.

(1) 집 <u>주변</u>에 마트가 없어 장을 보려면 먼 곳까지 가야 한다.

① 바탕　② 영역　③ 주위　④ 현장

(2) 박 선수는 이번 경기에서 가장 많은 골을 넣으면서 자신의 실력을 <u>발휘했다</u>.

① 쌓았다　② 겨뤘다　③ 드러냈다　④ 깨달았다

학습 활동 확인하기

1. 각 체험에 대한 설명으로 알맞은 것끼리 연결하세요.

(1) 수학여행 •		• 다양한 사회, 자연, 문화 등을 직접 체험하여 견문을 넓히는 단체 숙박형 여행
(2) 수련 활동 •		• 청소년 시기에 필요한 공동체 의식, 협동심을 함양하는 단체 활동
(3) 1일형 현장 체험 활동 •		• 하루 동안 관광, 관람, 견학, 강의 등을 체험해 보는 활동

2. 다음은 봉사 활동 신청 절차입니다. 순서에 맞게 쓰세요.

㉠ 봉사 활동 계획서 제출하기　㉡ 봉사 활동 신청 확인하기
㉢ 봉사 활동 신청하기　㉣ 봉사 활동 실행
㉤ 봉사 활동 확인서 발급

㉢ → (　　　) → (　　　) → (　　　) → (　　　)

알면 쓸모 있는 어휘

- **강의** 대학이나 학원, 기관 등에서 지식이나 기술 등을 체계적으로 가르침.
- **직접적** 중간에 관계되는 것이 없이 바로 연결되는 것.
- **처리** 일이나 사무, 사건을 절차에 따라 정리해 마무리함.
- **타인** 다른 사람.
- **폭넓다** 어떤 것의 범위나 영역이 넓다.
- **허가** 행동이나 일을 할 수 있게 허락함.

학습 활동 더 알아보기

〈체험학습 방법〉

■ **체험학습을 하기 전**

- 체험학습을 할 장소를 정한 후 홈페이지 또는 전화를 통해서 체험학습 신청을 한다.
- 체험학습 장소의 홈페이지를 통해 체험학습 관련 정보를 미리 알아보면 체험 내용을 이해하는 데 도움이 된다.
- 인터넷이나 책을 통해 관련 정보를 추가로 조사하며 궁금한 점을 미리 정리해 둔다.

■ **체험학습을 할 때**

- 체험을 하면서 알게 된 중요한 내용들을 글로 쓰거나 그림을 그려 기록한다.
- 촬영이 가능한 장소에서는 영상이나 사진을 찍어 기록을 남길 수도 있다.
- 체험학습 장소 관계자와의 면담을 통해 체험학습을 하며 생긴 궁금증을 해결할 수 있다.

■ **체험학습을 한 후**

- 보고 느낀 점, 알게 된 점, 더욱 탐구하고 싶은 내용에 대하여 보고서를 작성한다.
- 보고서를 작성할 때는 체험학습을 하며 기록해 둔 자료를 적극 활용한다.

묘사하기 / 학습 기능 확인하기

묘사하기란?

대상의 모양이나 모습을 본 그대로 그림을 그리듯이 표현하는 것을 말한다. 묘사를 하기 전에는 묘사가 필요한 상황인지, 상황에 따라 어떤 내용이 필요한지, 또 어느 정도 자세히 묘사해야 할지 등을 미리 생각해서 결정해야 한다.

〈묘사와 설명〉

- 설명: 사물의 개념이나 두 대상의 공통점과 차이점, 구조 등을 서술할 때 주로 사용하는 방법
- 묘사: 생김새, 모양, 색깔, 소리, 맛 등 감각으로 느낄 수 있는 것을 서술할 때 주로 사용하는 방법

학습 기능 익히기

▨ 다음 글에서 사용된 묘사하기 방법으로 알맞은 것을 고르세요.

내 친구는 항상 단정한 머리를 하고 있으며 눈이 크고 동그랗다. 그리고 목이 가늘고 어깨가 좁은 편이다. 허리는 가늘고 다리가 길어서 어떤 옷이든 잘 어울린다. 발이 큰 편이고 운동화를 즐겨 신는다.

① 시간 순서에 따라 표현하기

② 위에서 아래의 순으로 묘사하기

③ 전체에서 부분의 순으로 묘사하기

④ 잘 알려진 사물에 비유하여 표현하기

학습 기능 더 익히기

▨ 다음 그림을 보고 사막여우의 생김새를 묘사해 보세요.

과학 시간에 '멸종 위기 동물'에 대해 발표하기로 했다. 조사한 동물 중 하나인 사막여우의 사진을 보고 그 모습을 자세히 묘사해 발표문에 쓰려고 한다.

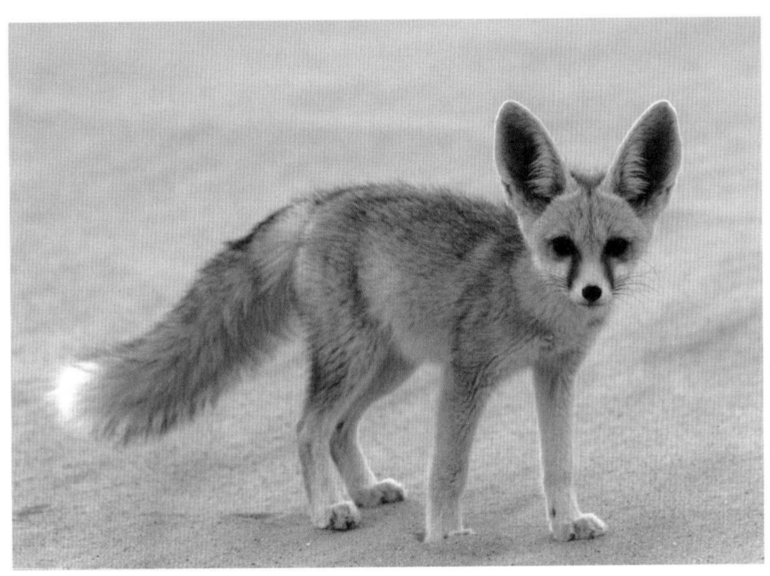

멸종 위기 동물 중 하나인 사막여우를 소개하고자 합니다. 먼저 사막여우의 생김새를 설명해 드리겠습니다. 사막여우는

기술하기 / 학습 기능 확인하기

기술하기란?

대상이나 과정의 내용과 특징을 조직적으로 밝혀 기록하는 것을 말한다. 어떤 사실이나 과정의 내용과 특징을 조직적으로 기록하면 그것이 보다 객관적이고 타당하게 보이는 효과가 있다.

〈기술하는 방법〉

어떤 대상에 대해 기술할 때는 정의나 특징에 대해 쓸 수도 있고, 분류하여 쓸 수도 있다.

예) 곤충에 대해 기술하세요.
정의 - 곤충이란 몸이 머리, 가슴, 배로 나뉘고 다리가 6개인 동물을 말한다.
분류 - 곤충은 날개의 유무에 따라 유사이강과 무사이강으로 나눌 수 있다.
특징 - 곤충은 성장하면서 탈바꿈을 한다는 특징이 있다.

학습 기능 익히기

▨ 기술하기에 대한 설명으로 맞으면 ○, 틀리면 × 하세요.

(1) 기술을 할 때 일상적인 언어는 사용하지 않는다. (　　　)

(2) 기술을 할 때 글이 아닌 기호나 도표를 사용해서는 안 된다. (　　　)

(3) 현상을 사실적으로 기술하면 해당 사실을 과학적으로 보이게 할 수 있다. (　　　)

학습 기능 더 익히기

▨ 다음 그림을 보고 내용을 기술해 보세요.

'한국의 지역 브랜드'에 대해 조사하고 그 내용을 보고서에 쓰고 있다. 아래는 대표적인 한국의 지역 브랜드이다. 그중 하나에 대한 자료를 추가로 조사하여 아래에 기술하려고 한다.

강원도 횡성군

횡성 한우

충청남도 보령시

보령 머드 축제

전라북도 남원시

성춘향과 이몽룡

1. 지역 브랜드의 의미

지역 브랜드는 자연환경이나 역사, 문화, 산업, 인물 등에서 비롯된 지역의 특정 이미지를 상품화시킨 것이다. 지역 브랜드는 무엇보다 해당 지역만이 가진 고유의 특성과 매력이 잘 드러나야 한다. 이러한 지역 브랜드는 지역을 홍보하는 수단으로 활용되고 있다.

2. 한국의 지역 브랜드

16과 학습 반응하기

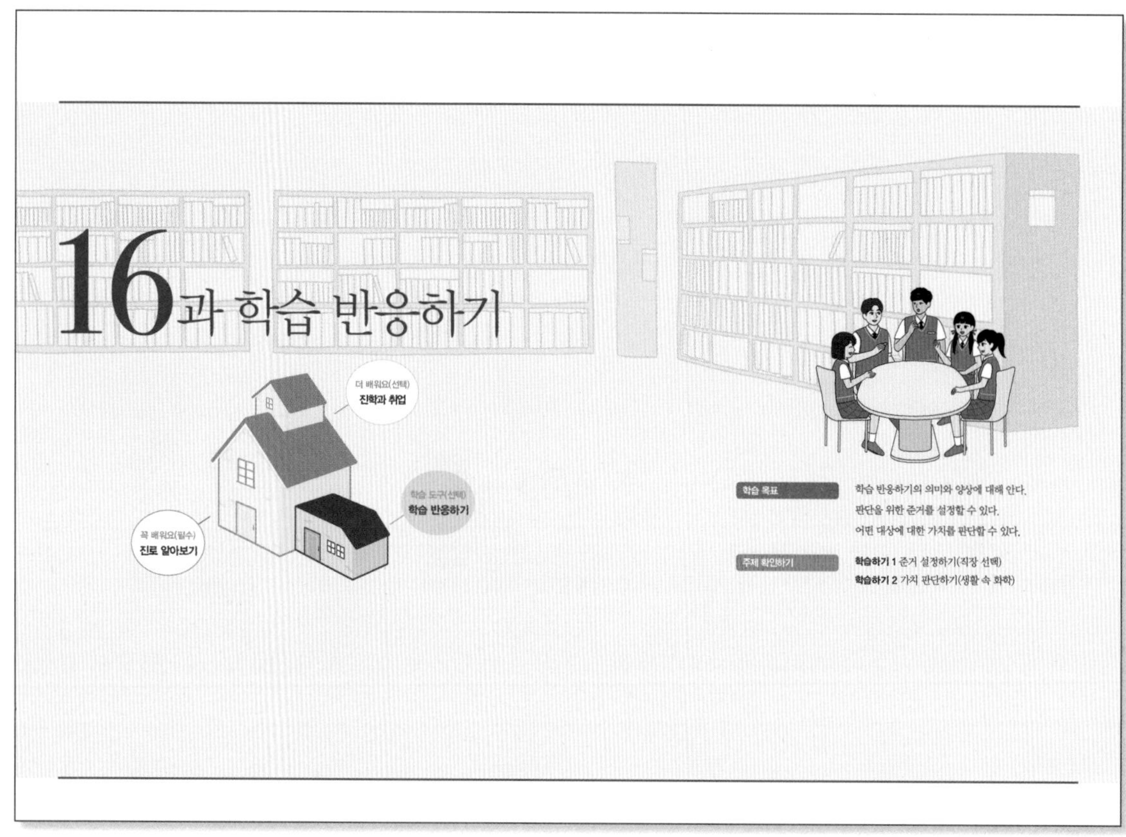

학습하기 1	학습 기능	학습 반응하기에서 준거 설정하기 기능을 배운다. 준거 설정하기란 사물의 정도나 성격 등을 알기 위한 근거나 기준을 정하는 것을 말한다.
	학습 도구 한국어 어휘 및 문법	준거, 탐색하다, 연계되다, 전략, 보장하다, 사안, 정의, 담당, 성과
학습하기 2	학습 기능	학습 반응하기에서 가치 판단하기 기능을 배운다. 가치 판단하기란 기준에 따라 어떠한 대상이나 일에 대해 '좋다, 나쁘다, 옳다, 그르다' 등과 같이 생각을 정하는 것을 말한다.
	학습 도구 한국어 어휘 및 문법	밀접하다, 전문적, 사실적, 규범적, 표준

학습 도구 어휘 및 문법 확인하기

1. 다음 (　　　)에 알맞은 것을 고르세요.

(1) 과학 기술의 발전으로 우주를 (　　　) 수 있게 되었다.

① 구성할　② 설치할　③ 수집할　④ 탐색할

(2) 한국 역사를 (　　　)으로 연구하고 싶어 대학원에 입학했다.

① 고백적　② 물리적　③ 전문적　④ 필연적

(3) 국가는 외부의 위협으로부터 국민의 안전을 (　　　) 위해 노력해야 한다.

① 반영하기　② 보장하기　③ 제한하기　④ 통합하기

(4) 이 책에는 작가가 직접 경험한 일들이 (　　　)으로 표현되어 있다.

① 사실적　② 세계적　③ 일반적　④ 절대적

2. 다음 밑줄 친 부분과 의미가 비슷한 것을 고르세요.

(1) 우리 반 담임선생님께서는 사회 과목을 담당하고 계신다.

① 담고　② 맡고　③ 베끼고　④ 옮기고

(2) 각 지역의 봉사 단체는 전국적으로 연결되어 있어서 전체 조직은 생각보다 크다.

① 구분되어　② 분리되어　③ 연계되어　④ 확보되어

(3) 모든 부서원들이 노력하여 이번 달은 지난달보다 두 배나 높은 판매 성적을 냈다.

① 성장　② 소비　③ 실적　④ 확률

학습 활동 확인하기

1. 학습 반응하기에 대한 설명으로 맞으면 ○, 틀리면 × 하세요.

(1) 표정을 찡그리는 것은 학습에 대해 잘 이해하고 있음을 나타낸다. (　　)

(2) 감상을 말함으로써 자신이 이해했음을 상대에게 확인시킬 수 있다. (　　)

(3) 단순히 고개만 끄덕이는 것은 학습에 대한 반응이라고 보기 어렵다. (　　)

2. 다음을 읽고 알맞은 것을 고르세요.

> 어떤 사실이나 현상, 누군가의 행동이나 생각에 대해 옳고 그름을 이야기하고 더 나아가 그러한 것들의 가치를 따져 보는 것

☐ 평론하기　　☐ 감상 표현하기　　☐ 단순 반응 신호 보내기

알면 쓸모 있는 어휘

- **갸우뚱** 물체가 한쪽으로 약간 갸울어지는 모양.
- **끄덕이다** 머리를 가볍게 아래위로 움직이다.
- **나아가서** 거기에만 머무르지 아니하고.
- **찡그리다** 얼굴의 근육에 힘을 주어 주름이 잡히게 하다.
- **평론** 옳고 그름, 아름다움과 추함 등을 분석하여 사물의 가치를 말함.
- **호응하다** 상대방의 부름이나 물음에 대답하거나 요구에 맞춰 행동하다.

학습 활동 더 알아보기

〈학습 반응하기에서 듣기의 중요성〉

수업 시간에 선생님의 말씀을 듣고 적절하게 반응해야 한다. 그렇게 하려면 먼저, 선생님의 말을 잘 들어야 한다. 듣기는 말하는 사람의 이야기를 듣고 내용을 요약하거나 중심 생각을 파악하는 것, 또 화자가 말하는 내용에 대해 비판하거나 화자의 의도를 파악하는 모든 활동을 말한다.

〈목적에 따른 듣기 방법〉

- **이해를 위한 듣기**: 말하는 사람이 전달하는 내용을 정확하게 이해하기 위해 듣는 것을 말한다. 이해를 위한 듣기를 할 때는 중요한 내용을 파악하면서 메모하는 것이 좋다.
- **평가를 위한 듣기**: 화자의 의견이나 주장의 타당성, 공정성 등을 평가하기 위해 듣는 것을 말한다. 평가를 위한 듣기를 할 때는 화자의 의도나 목적을 파악해야 한다. 또한 의견과 사실을 구별해야 하며, 화자의 주장이 타당하고 논리적인지 판단해야 한다.
- **감상을 위한 듣기**: 즐거움을 얻고 긴장감을 해소하기 위해 듣는 것을 말한다. 감상을 위한 듣기를 할 때는 상대방에게 긍정적인 반응을 보여 주는 것이 좋다.

〈바람직한 듣기 자세〉

- 말하는 내용을 판단하며 듣기
- 중요한 내용은 메모를 하며 듣기
- 긍정적인 반응을 보여 주며 듣기
- 예의를 갖추고 주의를 집중하며 듣기
- 상대방에 대한 선입견을 가지지 않고 듣기

준거 설정하기 / 학습 기능 확인하기

준거 설정하기란? 사물 또는 일의 정도나 성격 등을 알기 위해 근거나 기준을 정하는 것을 말한다.

〈준거를 설정할 때 고려할 점〉

- 우선 목표가 무엇인지 분명하게 알아야 한다.
- 평가하는 내용이 복잡하면 준거도 다양하게 설정해야 한다.
- '열심히 했다'와 같은 과정보다는 '문제가 해결되었는가?'와 같은 결과를 중심으로 설정하는 것이 좋다.

〈준거의 네 가지 유형〉

① 효과: 주어진 목적과 관중에 대한 수행의 성공
② 내용: 지식, 기능의 숙달 정도
③ 질: 전체적인 수준, 솜씨(창의성, 유창성, 색채, 표의 깔끔함)
④ 과정: 수행 중에 사용된 절차 및 방법의 적절성, 협동성

학습 기능 익히기

▨ 다음을 읽고 직업을 선택하기 위해 설정한 기준으로 알맞지 않은 것을 고르세요.

> 일반적으로 사람들은 직장을 선택할 때 여러 가지 조건들을 고려한다. 그중에서도 근로 시간은 특히 중요하게 고려하는 사항이다. 하루 또는 한 주에 몇 시간을 일해야 하는지, 최소한의 휴식 시간을 보장해 주는지, 휴가를 얼마나 자유롭게 사용할 수 있는지 등이 최근 들어 매우 중요하게 여겨지고 있다.

① 근무 환경이 쾌적하고 안전한가?

② 휴가 기간을 자유롭게 선택할 수 있는가?

③ 주당 근무 시간이 40시간을 넘지 않는가?

④ 하루에 휴식 시간을 1시간 이상 제공하는가?

학습 기능 더 익히기

▨ 다음을 읽고 각 고려 사항에 대한 기준을 설정해 보세요.

여행 계획서를 작성하고 있다. 여행 중 어떤 숙박 장소에서 지내면 좋을지 준거를 설정하여 숙박 장소를 선정하려고 한다.

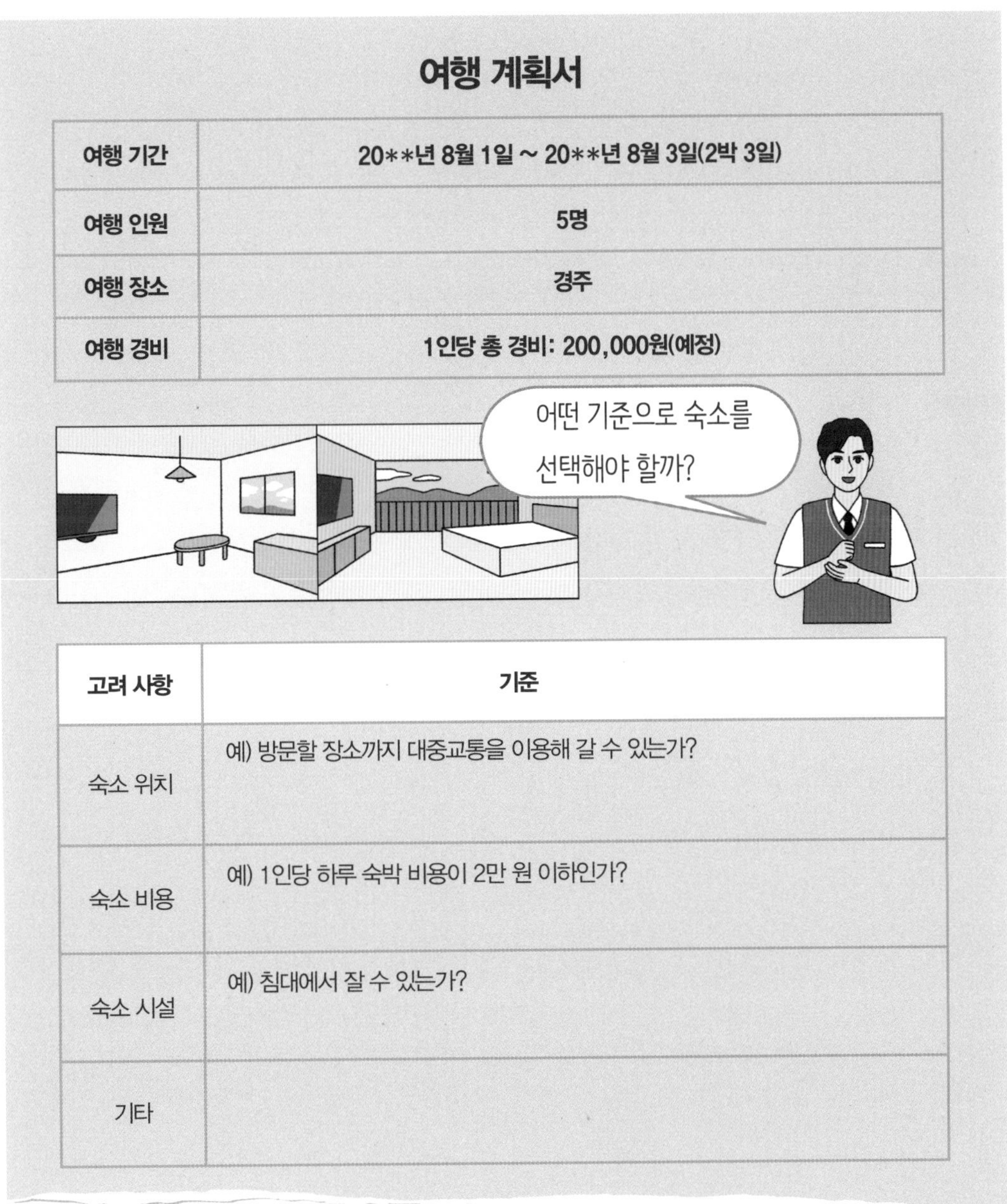

여행 계획서

여행 기간	20**년 8월 1일 ~ 20**년 8월 3일(2박 3일)
여행 인원	5명
여행 장소	경주
여행 경비	1인당 총 경비: 200,000원(예정)

고려 사항	기준
숙소 위치	예) 방문할 장소까지 대중교통을 이용해 갈 수 있는가?
숙소 비용	예) 1인당 하루 숙박 비용이 2만 원 이하인가?
숙소 시설	예) 침대에서 잘 수 있는가?
기타	

가치 판단하기 학습 기능 확인하기

가치 판단하기란?

기준에 따라 어떤 대상이나 일에 대해 '좋다, 나쁘다, 옳다, 그르다' 등과 같이 생각을 정하는 것을 말한다.

〈사실 판단과 가치 판단〉

사실 판단

- 객관적인 근거가 뒷받침되어야 한다.
- 참과 거짓의 구분이 가능하다.
- 관련된 문제에 대해 정답이 존재한다.

가치 판단

- 주관적 가치와 관련된다.
- 참과 거짓의 구분이 불가능하다.
- 문제에 대한 정답을 단정적으로 내리기가 어렵다.

학습 기능 익히기

▨ 다음 중 가치 판단과 관련된 것에 ○, 관련이 없는 것에 × 하세요.

(1) 대한민국의 인구수는 5,000만 명 이상이다. (   )

(2) 음악은 장르나 시대에 따라 분류가 가능하다. (   )

(3) 이 제품은 가격에 비해 성능이 좋지 않은 편이다. (   )

(4) 허락을 받지 않고 다른 사람의 물건을 사용하는 것은 옳지 않다. (   )

다음을 읽고 발명품의 가치를 판단해 보세요.

과학 수행 평가를 위해 기발한 발명품을 조사해 발표하려고 한다. 발표 자료 마지막에 이 발명품에 어떤 가치가 있는지 쓰려고 한다. 그림과 설명을 보고 어떤 가치가 있는지 판단해 볼 것이다.

〈일상생활 속 기발한 발명품〉

- 발명품 이름: 딱풀 비누
- 특징
  - 딱풀의 모양과 같음.
  - 통의 아래 부분을 돌리면 비누가 나옴.
- 발명 동기: 비누를 필요할 때 언제든지 쓸 수 있도록 가지고 다니기 편하게 만들고 싶어서 발명하게 되었음.
- 사용한 사람들의 후기
  - 비누가 손에 직접 묻지 않아서 항상 가방에 가지고 다님.
  - 아래 부분을 돌리면 비누가 나와서 필요한 양만 딱 쓸 수 있음.
  - 디자인이 딱풀과 똑같아서 아이들이 좋아함.

➡

정답

1과 계획서 작성하기

[학습 도구 어휘 및 문법 확인하기]

1. (1) ① (2) ③ (3) ①
2. (1) 에 대해 (2) 에 따라
3. (1) ① (2) ①

[학습 활동 확인하기]

1. (1) ○ (2) × (3) ○
2. (㉣) → (㉠) → (㉢) → (㉡)

학습 기능: 세부 목표 설정하기
[학습 기능 익히기]

③

[학습 기능 더 익히기]

예시 답안)
- 재활용할 수 있는 것은 다시 사용한다.
- 등하교 때 걸어 다니거나 자전거를 타고 다닌다.
- 세제나 샴푸는 적당한 양(적당량)만 사용한다.
- 천연 비누를 사용한다.

학습 기능: 순서 정하기
[학습 기능 익히기]

③

[학습 기능 더 익히기]

(1) 천문대
(2) 과학 박물관, 천문대
(3) 과학 박물관 → 미술관 → 천문대

2과 협동 학습 하기

[학습 도구 어휘 및 문법 확인하기]

1. (1) ③ (2) ② (3) ④
2. (1) ③ (2) ②
3. (1) ④ (2) ②

[학습 활동 확인하기]

1. (1) × (2) × (3) ○
2. ☑ 학습 범위 정하기 및 역할 나누기

학습 기능: 제안하기
[학습 기능 익히기]

세인

[학습 기능 더 익히기]

예시 답안)
- 저는 찬성입니다. CCTV를 설치하면 문제가 생겼을 때 그 원인을 잘 알 수 있습니다. 또한 CCTV가 있기 때문에 평소에 문제를 자주 일으키는 학생들도 행동을 조심하게 되어 결과적으로 문제가 줄어들게 될 것입니다.
- 저는 반대입니다. CCTV는 문제를 완전히 해결하는 방법이 아닙니다. 더욱 중요한 것은 CCTV가 없어도 학생들 모두가 안전하게 학교를 다닐 수 있는 환경을 만드는 것입니다. 최근 몇몇 학교에서는 안전 지킴이가 학생들의 안전을 위해 다양한 활동을 한다고 합니다. 문제가 일어난 후에 그 원인을 알 수 있는 CCTV보다는 문제가 일어나기 전에 막는 안전 지킴이가 더 좋다고 생각합니다.

학습 기능: 조정하기
[학습 기능 익히기]

③

[학습 기능 더 익히기]

예시 답안)
- 지금 베짱이에게 일을 시키고 그 대가로 음식을 준다.
- 지금 음식을 빌려주고 내년에 갚으라고 한다.

3과 보고서 쓰기

[학습 도구 어휘 및 문법 확인하기]

1. (1) ③ (2) ③ (3) ④
2. (1) 시골은 도시에 비해 공기가 맑다.
   (2) 이번 겨울은 작년에 비해 기온이 낮다.
3. (1) ④ (2) ③

[학습 활동 확인하기]

1. (㉡) → (㉠) → (㉣) → (㉢)

2. (1) ○　(2) ○　(3) ×

학습 기능: 요약하기

[학습 기능 익히기]

①

[학습 기능 더 익히기]

예시 답안)

- 지역: 다른 곳과 다른 특별한 특징을 가진 공간을 말한다.
- 지역성: 각 지역이 가진 특별한 특징을 말한다. 지역성은 정해져 있지 않고 시간이 지나면 변하기도 한다.

학습 기능: 정교화하기

[학습 기능 익히기]

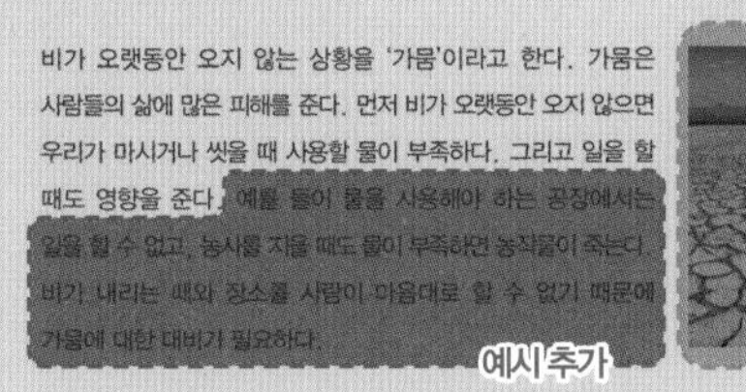

비가 오랫동안 오지 않는 상황을 '가뭄'이라고 한다. 가뭄은 사람들의 삶에 많은 피해를 준다. 먼저 비가 오랫동안 오지 않으면 우리가 마시거나 씻을 때 사용할 물이 부족하다. 그리고 일을 할 때도 영향을 준다. 예를 들어 물을 사용해야 하는 공장에서는 일을 할 수 없고, 농사를 지을 때도 물이 부족하면 농작물이 죽는다. 비가 내리는 때와 장소를 사람이 마음대로 할 수 없기 때문에 가뭄에 대한 대비가 필요하다.
예시 추가

사진 추가

[학습 기능 더 익히기]

예시 답안)

- 황사가 심한 날에 외출할 때는 마스크를 쓰는 것이 좋다.
- 햇빛이 강한 날에 야외 활동을 할 때에는 모자를 써서 햇빛을 가린다.
- 눈병, 알레르기, 화상, 열사병, 동상과 관련된 사진을 추가한다.
- 겨울에 동상을 예방하는 방법을 나타낸 사진을 추가한다.

4과 모둠 활동 하기

[학습 도구 어휘 및 문법 확인하기]

1. (1) ①　(2) ③　(3) ①

2. (1) 학생들의 선택에 의해 소풍 장소가 결정된다.
   (2) 축구 경기 결과에 의해 체육 대회 우승 반이 정해진다.

3. (1) ②　(2) ①

[학습 활동 확인하기]

1. (1) ×　(2) ○　(3) ○

2. ③

학습 기능: 정보 수집하기 및 공유하기

[학습 기능 익히기]

③

[학습 기능 더 익히기]

- 주제 1. 물, 에탄올, 기름 등 주어진 액체의 밀도를 이용하여 미지의 물체 밀도 예측하기
  주제 2. 30cm 자를 책상 끝에 놓고 튕겼을 때 진동하는 횟수를 크게 할 수 있는 방법 설계하기
- 나는 심사 기준을 찾아봤어.

학습 기능: 토의하기

[학습 기능 익히기]

④

[학습 기능 더 익히기]

모둠 활동 계획서	
활동	깨끗한 동네 만들기
참가자	4조(민우, 나나, 세인, 유미)
기간 및 시간	한 달, 매주 토요일 12시
장소	공원
내용	공원 청소

5과 책 읽기

[학습 도구 어휘 및 문법 확인하기]

1. (1) ②　(2) ④　(3) ③

2. (1) ③　(2) ②

3. (1) ④　(2) ①

[학습 활동 확인하기]

1. ②

2. (1) ×　(2) ○　(3) ○

학습 기능: 주제 찾기
[학습 기능 익히기]
④

[학습 기능 더 익히기]
(1) 각 문단의 중심 내용
- 첫 번째 문단: 착한 흥부네 가족은 성격이 나쁜 형 때문에 낡고 오래된 집에서 가난하게 살게 되었다.
- 두 번째 문단: 흥부가 다친 제비를 치료해 주었고 그 덕분에 제비는 가을에 따뜻한 곳으로 날아갔다.
- 세 번째 문단: 봄이 되어 흥부네 집으로 돌아온 제비가 흥부에게 박씨를 주었다. 흥부는 그 박씨를 심어 키웠는데 그 박 안에는 금은보화가 있었고 흥부네 가족은 부자가 되었다.

(2) 글의 주제: 착하게 살면 좋은 일이 생긴다, 착하게 살면 복을 받는다.

학습 기능: 추론하기
[학습 기능 익히기]
③

[학습 기능 더 익히기]
원칙에 의한 추론에 의해 ③번처럼 된다.

6과 필기하기

[학습 도구 어휘 및 문법 확인하기]
1. (1) ① (2) ① (3) ②
2. (1) 행복이란 (2) 배려란
3. (1) ① (2) ③

[학습 활동 확인하기]

㉠ 제목 영역: ⓑ 단원명이나 수업의 주제를 적는다.	
㉣ 핵심 개념 영역: ⓓ 핵심 개념을 핵심 단어나 질문으로 표현한다.	㉡ 노트 정리 영역: ⓒ 수업을 들으면서 수업 내용을 메모한다.
㉢ 요약정리 영역: ⓐ 중요한 내용을 요약한다.	

학습 기능: 메모하기
[학습 기능 익히기]
①, ③

[학습 기능 더 익히기]
예시 답안)
- 저작물: 다른 사람들이 보거나 느낄 수 있게 만든 것
- 저작권: 저작물의 주인이라는 법적 확인
- 저작권을 지키지 않으면 어떻게 될까?
- 다른 나라에서도 똑같은 결과가 나올까?

학습 기능: 분류하기
[학습 기능 익히기]
③

[학습 기능 더 익히기]
예시 답안)

분류 기준	연주할 때 줄을 이용하는 것	연주할 때 줄을 이용하지 않는 것
1. 어떻게 연주하는가	바이올린, 가야금, 기타, 하프	트럼펫, 클라리넷, 단소, 호른

분류 기준	동양 악기	서양 악기
2. 어느 지역의 악기인가	가야금, 단소	바이올린, 트럼펫, 하프, 클라리넷, 기타, 호른

7과 복습하기

[학습 도구 어휘 및 문법 확인하기]
1. (1) ① (2) ④ (3) ④ (4) ① (5) ④
2. (1) ② (2) ①

[학습 활동 확인하기]
1. ④
2. (1) ✕ (2) ○ (3) ○

학습 기능: 구성 요소와 속성 확인하기
[학습 기능 익히기]
(1) ○ (2) ✕ (3) ○

[학습 기능 더 익히기]

3. 관찰 내용을 잘 정리하고 있는가?
4. 추가 정보를 수집했는가?

학습 기능: 핵심 정리하기

[학습 기능 익히기]

(㉡) → (㉢) → (㉠)

[학습 기능 더 익히기]

1. 위기와 기회
2. 어렵다, 극복, 기회, 위기
3. 어려움을 극복하여 오히려 위기를 기회로 만들 수 있다.

8과 점검하기

[학습 도구 어휘 및 문법 확인하기]

1. (1) ② (2) ① (3) ②
2. (1) ① (2) ④
3. (1) ② (2) ③

[학습 활동 확인하기]

1. ①
2. (1) ○ (2) ✕ (3) ○

학습 기능: 양상 확인하기

[학습 기능 익히기]

②

[학습 기능 더 익히기]

1. 요즘에는 자연에서 체험을 하는 활동이 많다.
2. 요즘에는 휴가 때 여행을 가기보다 휴식을 취하는 사람들이 많아졌기 때문이다.

학습 기능: 관계 파악하기

[학습 기능 익히기]

④

[학습 기능 더 익히기]

[1] ㉢

[2] ㉡

9과 문제 풀기

[학습 도구 어휘 및 문법 확인하기]

1. (1) ① (2) ③ (3) ③
2. (1) 나올 법한 (2) 갈 수 있을 법한
3. (1) ③ (2) ④

[학습 활동 확인하기]

1. (1) 용어 (2) 탐구 활동 (3) 단락 (4) 공식

학습 기능: 문제 해결하기

[학습 기능 익히기]

②

[학습 기능 더 익히기]

예시 답안)

	도시 문제	원인 분석	해결 방안
가	환경 오염	오염된 공기를 깨끗하게 만들어 주는 숲이 줄어듦.	종이를 아껴 쓰고 산에 나무를 많이 심도록 함.
나	교통 체증	자동차 사용 인구가 많아지면서 출퇴근 시간에 차가 막히게 됨.	짧은 거리는 걷거나 자전거를 타고 먼 거리는 대중교통을 이용하도록 함.

학습 기능: 오류 확인하기

[학습 기능 익히기]

(㉢) → (㉠) → (㉡) → (㉣)

[학습 기능 더 익히기]

예시 답안) '개체'와 '종'의 개념을 정확히 몰라서 문제를 틀렸다. (가)와 (나)의 개체 수는 동일한데, ㉠의 '(나)는 (가)보다 개체 수가 적다'에서 '개체'의 의미가 '종'의 의미와 같다고 생각하였다. 그래서 ㉠을 정답으로 선택하게 되었다. 선생님의 설명을 듣고 '개체'와 '종'의 정확한 개념을 잘 이해했으니 다음에 비슷한 문제가 나오면 틀리지 않을 것이다.

정답

10과 발표하기

[학습 도구 어휘 및 문법 확인하기]

1. (1) ① (2) ① (3) ①
2. (1) 읽음으로써 (2) 개발됨으로써
3. (1) ② (2) ④

[학습 활동 확인하기]

1. ㅅ → (ㅂ) → (ㄷ) → (ㄴ) → ㄹ → (ㅁ) → (ㄱ)
2. (1) ○ (2) ○ (3) ✕

학습 기능: 표현하기

[학습 기능 익히기]

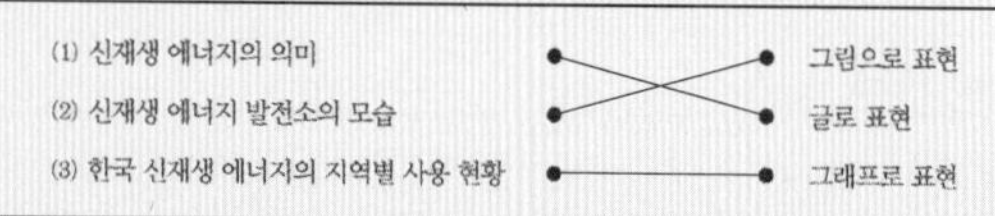

[학습 기능 더 익히기]

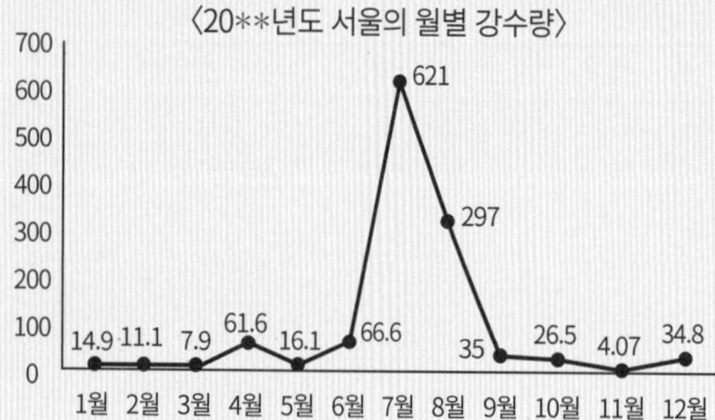

학습 기능: 재구조화하기

[학습 기능 익히기]

자료 1, 자료 3

[학습 기능 더 익히기]

1. 유기 동물이 자주 발생하는 시기는 7월과 8월이다.
2. 7월과 8월은 보통 사람들이 여름휴가를 보내는 시기이다. 먼 곳으로 여행을 가는 경우 반려동물을 어떻게 하는지 조사한 결과 반려동물을 데리고 함께 여행을 가는 사람들이 많지 않은 것으로 확인되었다. 반려동물을 여행에 데리고 가지 않는 사람들은 지인이나 반려동물 호텔에 반려동물을 맡기게 된다. 이러한 번거로움에 불편함을 느끼는 사람들이 반려동물을 유기하는 것이다.

11과 토론하기

[학습 도구 어휘 및 문법 확인하기]

1. (1) ① (2) ④ (3) ③
2. (1) ② (2) ②
3. (1) ② (2) ③

[학습 활동 확인하기]

1. ☑ 사회자
2. (1) ✕ (2) ✕ (3) ○

학습 기능: 질문하기

[학습 기능 익히기]

④

[학습 기능 더 익히기]

예시 답안)

- 청소년들이 스트레스를 받는 원인으로 미래에 대한 불안감이 27%를 차지하고 있는데 구체적으로 어떤 불안감을 느끼는지 알 수 있습니까?
- 청소년들이 스트레스를 해소하는 방법의 경우 운동이 전체 25%로 가장 큰 비중을 차지하고 있는데, 혹시 남학생과 여학생을 구분하여도 조사 결과가 일치하나요?

학습 기능: 진위 확인하기

[학습 기능 익히기]

②

[학습 기능 더 익히기]

예시 답안)

자료 출처	신문 기사
조사 내용	2013년 서울에 화재 사건이 있었다. 화재 규모가 커서 많은 소방관들이 투입되었다. 그런데 누리 소통망(SNS)을 통해 화재를 진압하던 소방관 5명이 부상을 입었다는 소문이 돌기 시작했다. 하지만 이 소문은 사실이 아니라는 것이 확인되었으며, 잘못된 정보를 전달했던 뉴스는 보도를 정정해야 했다. 인명 피해가 없다는 것은 다행인 일이었지만 거짓 정보로 인해 소방대원들의 가족들은 큰 충격을 받았을 것이다.

12과 실험하기

[학습 도구 어휘 및 문법 확인하기]

1. (1) ④ (2) ④ (3) ③
2. (1) 올라가는 데에 반해 (2) 내성적인 데에 반해
3. (1) ④ (2) ①

[학습 활동 확인하기]

1. ㉡ → (㉣) → ㉥ → (㉠) → (㉤) → (㉢)
2. ①

학습 기능: 증명하기
[학습 기능 익히기]

②

[학습 기능 더 익히기]

예시 답안)

조사 방법

집에서 학교까지 걸리는 시간이 10분 미만인 친구 5명, 10분 이상 20분 미만인 친구 5명, 20분 이상인 친구 5명에게 최근 한 달 동안 지각을 몇 번 했는지 물어보고 그 결과를 표로 정리했다.

조사 결과

집에서 학교까지 걸리는 시간	지각 횟수					총 지각 횟수
10분 미만	A	B	C	D	E	6
	1	0	3	1	1	
10~20분	F	G	H	I	J	3
	0	1	0	2	0	
20분 이상	K	L	M	N	O	1
	0	0	0	0	1	

증명 결과

집에서 학교까지의 거리가 10분 미만인 그룹은 총 6번 지각을 하고, 10분 이상 20분 미만인 그룹은 총 3번 지각, 20분 이상인 그룹은 총 1번 지각을 했다. 친구들을 대상으로 조사한 결과 '집과 학교가 가까울수록 지각을 자주 한다'는 가정이 사실임을 알 수 있었다.

학습 기능: 비교하기
[학습 기능 익히기]

②

[학습 기능 더 익히기]

	서·남해안	동해안
해안선의 모양	복잡함	단순함
섬의 분포	섬이 많음	섬이 거의 없음
주로 발달한 지형	만, 갯벌	모래 해안, 사빈

13과 평가받기

[학습 도구 어휘 및 문법 확인하기]

1. (1) ② (2) ② (3) ①
2. (1) 오듯이 (2) 먹듯이
3. (1) ② (2) ①

[학습 활동 확인하기]

1.

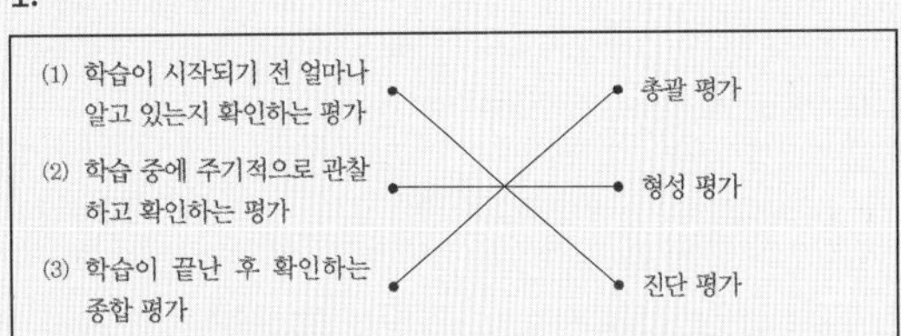

2. ②

학습 기능: 암기하기
[학습 기능 익히기]

④

[학습 기능 더 익히기]

예시 답안) 암기 방법: 그림으로 외우는 방법

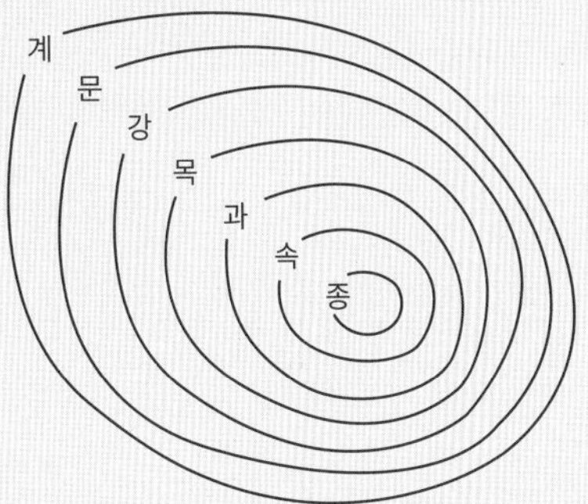

학습 기능: 성찰하기

[학습 기능 익히기]

☑ 문단을 구성하고 있는 문장들의 길이가 적절한지 점검한다.

[학습 기능 더 익히기]

봉사 활동 소감

지난 주말에 친구들과 함께 봉사 활동을 하러 대한양로원에 갔다. 나는 봉사 활동으로 양로원에 갈 거라는 말을 처음 들었을 때 걱정부터 됐다. 왜냐하면 우리 할아버지, 할머니께서 오래전에 ~~죽어서~~ → 돌아가셔서 할아버지, 할머니하고 무슨 이야기를 해야 하는지 몰랐기 때문이다. 그런데 그곳에 계신 분들이 모두 친절하시고 재미있어서 금방 적응하고 봉사 활동을 할 수 있었다.

나는 봉사 활동을 하는 것이 어렵지 않을 거라고 생각했지만 막상 해 보니 쉽지 않았다. 걸레질도 하고 창문도 닦았고 할머니, 할아버지께서 드실 식사를 준비했다.

청소와 빨래는 할 때는 정말 힘들었지만 하고 나니까 기분이 좋아졌다. ~~나는 시간이 있을 때마다 친구들과 축구를 한다. 축구를 한 후에 아이스크림을 먹으면 기분이 좋아진다.~~ 다음에 다시 봉사 활동을 하러 가야겠다.

글쓰기에서 성찰할 내용	네	아니요
문단이 통일되어 있는가?		V
중심 문장이 분명히 드러나는가?	V	
문단의 길이가 적절한가?		V
단어를 적절하게 사용했는가?		V
띄어쓰기가 맞는가?	V	
맞춤법에 맞게 썼는가?	V	

14과 예습하기

[학습 도구 어휘 및 문법 확인하기]

1. (1) ② (2) ② (3) ① (4) ① (5) ②
2. (1) ③ (2) ③

[학습 활동 확인하기]

1. ④
2. (1) ✕ (2) ○ (3) ○

학습 기능: 예측하기

[학습 기능 익히기]

(1) ✕ (2) ○ (3) ✕ (4) ○

[학습 기능 더 익히기]

〈결과 예측〉
A 추 쪽으로 저울이 기울 것이다.

〈그렇게 예측한 근거〉
부력은 물체가 물에서 뜰 수 있게 해 주는 힘이다. 따라서 비커에 물을 부으면 B 추는 부력의 영향을 받아 위로 뜨게 되고, B 추가 물에 뜬 만큼 저울은 A 추가 있는 방향으로 기울게 될 것이다.

학습 기능: 의문 형성하기

[학습 기능 익히기]

㉠ → (㉣) → (㉢) → (㉡)

[학습 기능 더 익히기]

예시 답안)

3 경험과 지식에 비추어서 납득이 되지 않거나 동의할 수 없는 부분을 정리한다.

→ 예전에 종이와 동전을 동시에 떨어뜨린 적이 있는데 그때 동전이 종이보다 먼저 떨어졌었다. 지금까지의 경험을 통해 물건의 무게가 무거울수록 바닥에 떨어지는 속도가 빠를 것이라고 생각했는데 실험에서 깃털과 구슬이 동시에 바닥에 떨어졌다고 하니 이해가 되지 않는다.

4 동의할 수 없는 부분에 대해 질문의 형식으로 의문을 표현한다.

→ 실험에서 깃털과 구슬이 동시에 바닥에 떨어진 이유가 무엇일까? 물건이 바닥에 떨어지는 속도에 물건의 무게는 아무런 영향을 끼치지 않는 걸까? 만약 그렇다면 평소 무거운 물건이 바닥에 빨리 떨어진다고 느낀 건 어떤 이유 때문이었을까?

15과 체험하기

[학습 도구 어휘 및 문법 확인하기]

1. (1) ①　(2) ①　(3) ③　(4) ①　(5) ②
2. (1) ③　(2) ③

[학습 활동 확인하기]

1.

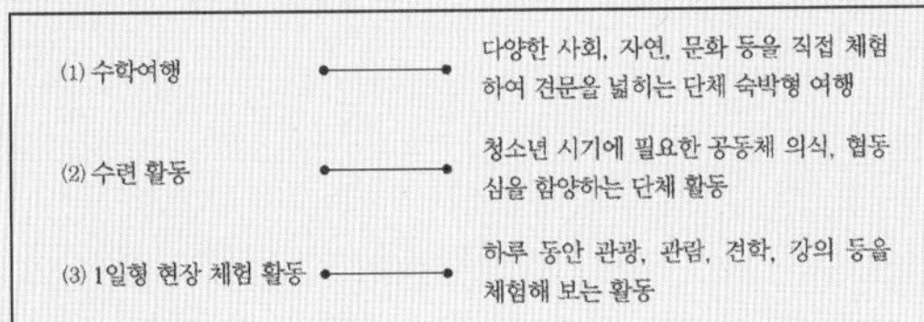

2. ㉢ → (㉡) → (㉠) → (㉤) → (㉣)

학습 기능: 묘사하기

[학습 기능 익히기]

②

[학습 기능 더 익히기]

예시 답안)

아주 큰 귀와 동그랗고 까만 눈을 가지고 있습니다. 눈과 코 주위의 털은 흰색입니다. 그리고 몸 바깥쪽 털은 전체적으로 연한 갈색을 띠고 있으며 몸 안쪽 털은 얼굴과 같은 흰색을 띠고 있습니다. 네 다리는 가늘고 긴 편입니다. 기다란 꼬리에는 연한 갈색의 풍성한 털이 자라 있습니다.

학습 기능: 기술하기

[학습 기능 익히기]

(1) ×　(2) ×　(3) ○

[학습 기능 더 익히기]

예시 답안)

- 한국의 대표적인 지역 브랜드로 횡성을 예로 들 수 있다. 횡성은 한우가 매우 유명한 곳이다. 횡성은 소들이 자유로이 풀을 뜯을 수 있는 넓은 초원이 발달해 있어 예로부터 전통 한우의 고장으로 이름을 알려 왔다.
- 한국의 대표적인 지역 브랜드로 보령을 예로 들 수 있다. 보령은 갯벌에 있는 진흙의 우수성을 알리며 매년 '머드 축제'를 개최하고 있다. 보령의 머드 축제는 한국을 넘어서 외국에서도 인정을 받고 있는 세계적인 축제로 자리를 잡아가고 있다.
- 한국의 대표적인 지역 브랜드로 남원을 예로 들 수 있다. 남원은 소설 〈춘향전〉의 배경이 된 곳으로 '사랑의 도시 건강한 남원'이라는 표어를 내세우며 전통적인 이미지를 내세우고 있다.

16과 학습 반응하기

[학습 도구 어휘 및 문법 확인하기]

1. (1) ④　(2) ③　(3) ②　(4) ①
2. (1) ②　(2) ③　(3) ③

[학습 활동 확인하기]

1. (1) ×　(2) ○　(3) ×
2. ☑ 평론하기

학습 기능: 준거 설정하기

[학습 기능 익히기]

①

[학습 기능 더 익히기]

고려 사항	기준
숙소 위치	- 숙소의 위치가 여행지와 가까운가? - 방문지까지의 거리가 10km 이내인가? - 숙소가 도심에 있는가? - 숙소 주변에 버스 정류장이 있는가?
숙소 비용	- 하루 숙박 비용이 10만 원 이하인가? - 숙박 비용이 전체 예산의 20%를 넘지 않는가?
숙소 시설	- 방 안에 화장실이 있는가? - 방, 화장실 등 시설이 깨끗한가?
기타	- 방 안에서 식사를 할 수 있는가? - 이용 후기가 좋은 편인가?

학습 기능: 가치 판단하기

[학습 기능 익히기]

(1) ×　(2) ×　(3) ○　(4) ○

정답

[학습 기능 더 익히기]

예시 답안)

- 쉽게 들고 다닐 수 있어서 사용하기가 편리하다.
- 필요한 만큼 돌려서 사용하기 때문에 아껴 쓰기 좋다.
- 사람들의 흥미를 유발하는 재미있는 디자인이다.

기획·담당 연구원 —

정혜선 국립국어원 학예연구사
이승지 국립국어원 연구원
박지수 국립국어원 연구원

집필진 —

책임 집필

심혜령 배재대학교 국어국문·한국어교육학과 교수

공동 집필

내용 집필

박석준 배재대학교 국어국문·한국어교육학과 교수
오현아 강원대학교 국어교육과 교수
이선중 경희대학교 국제교육원 객원교수
황성은 배재대학교 글로벌교육부 교수
김윤주 한성대학교 크리에이티브인문학부 교수
문정현 배재대학교 미래역량교육부 교수
이미향 영남대학교 국제학부 교수
이숙진 경희대학교 국제교육원 강사
이은영 전북대학교 언어교육부 강사
홍종명 한국외국어대학교 한국어교육과 교수

연구 보조원

최성렬 호서대학교 한국어학당 강사
김미영 우석대학교 한국어교육지원센터 강사
박현경 명지대학교 국제교류원 강사
이창석 배재대학교 한국어교육학과 석사 수료
김세정 한남대학교 한국어교육원 강사
김경미 건양대학교 국제교류원 한국어교육센터 강사
주명진 인천영종고등학교 교사
김진희 대구북동중학교 교사

내용 검토

조영철 인천담방초등학교 교사
송정희 대덕중학교 교사

고등학생을 위한

표준 한국어 익힘책

학습 도구

초판 1쇄 인쇄 | 2020년 1월 20일
초판 1쇄 발행 | 2020년 1월 30일

기획 | 국립국어원
지은이 | 심혜령 외
발행인 | 정은영
책임 편집 | 한미경
디자인 | 허석원, 이경진
일러스트 | 조은혜
사진 제공 | 셔터스톡

펴낸 곳 | 마리북스
출판 등록 | 제2019-000292호
주소 | (04053) 서울특별시 마포구 와우산로29길 37 301호(서교동)
전화 | 02)336-0729 팩스 | 070)7610-2870 이메일 | mari@maribooks.com
인쇄 | (주)현문자현

ISBN 979-11-89943-18-9 (54710)
979-11-89943-10-3 (set)

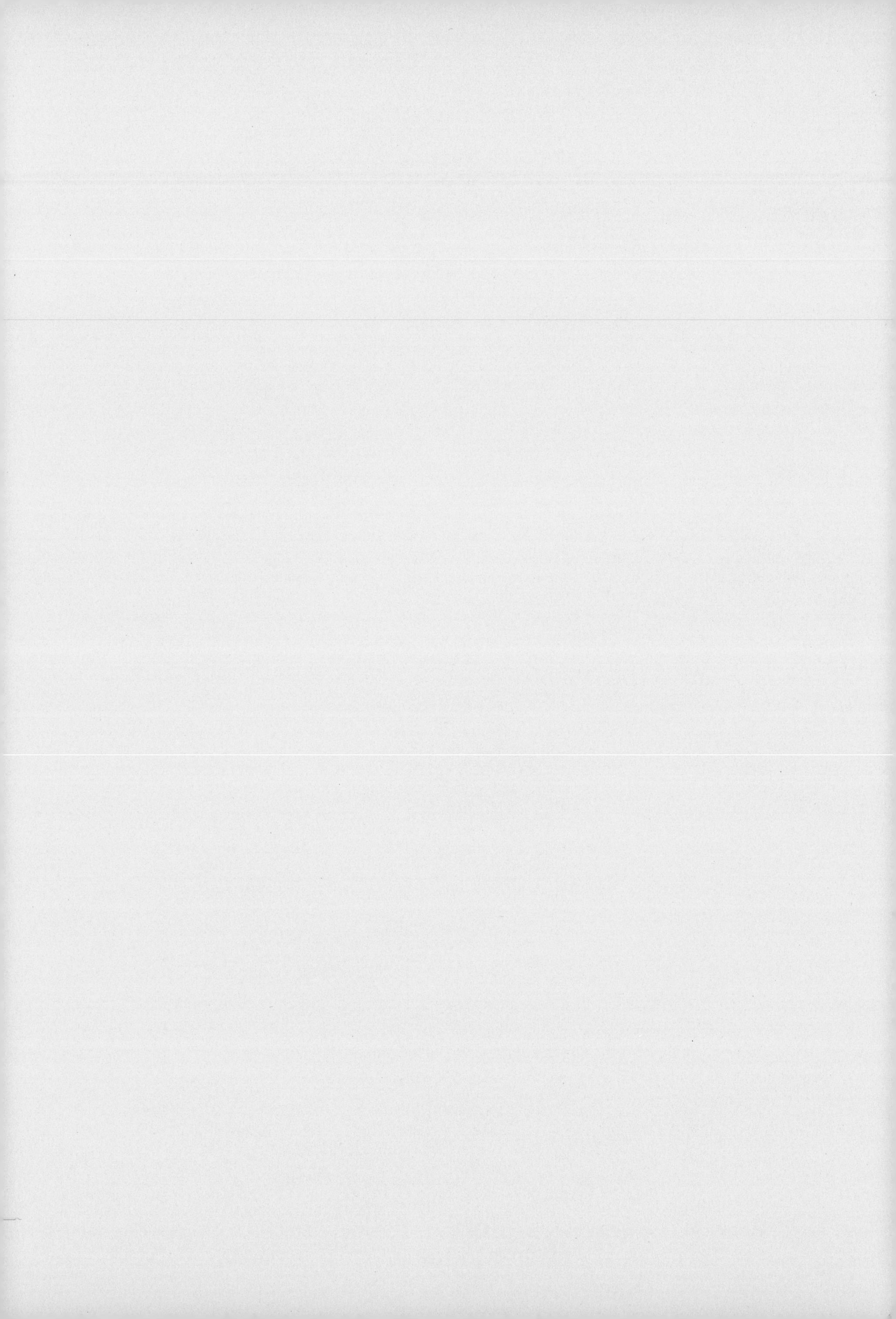